炉端で古老の語りに耳を傾ける
ひろがる雲南ナシ族の神話世界

ツォゼルグの物語

トンバが語る
雲南ナシ族の洪水神話

黒澤 直道

雄山閣

ツォゼルグの物語

トンバが語る雲南ナシ族の洪水神話

はじめに

ナシ族が神山として仰ぐ玉龍雪山

広大な中国大陸の西南端、ミャンマー、ラオス、ベトナムと境を接するところに、雲南省《うんなんしょう》とよばれる省があります。雲南省は、世界の屋根と言われるチベット高原から、東南アジアの低地へといたる中間に位置しており、省内では高度の違いによって様々な自然環境が見られます。それに応じて、ここに暮らす人々の生活の仕方もたいへん多様です。この雲南省の北西部、そこから北上すれば四川省とチベット自治区へと至るあたりに、ナシ族とよばれる人々が住んでいます。これからこの本でご紹介するのは、このナシ族に伝わる物語です。

ナシ族は、その特異な宗教によって知られている民族です。それは「トンバ教」と呼ばれる宗教で、独特な絵文字で書かれた経典を伝えており、その中で使われる文字はトンバ文字と呼ばれます。トンバ教には様々な儀礼があり、経典はそれらの儀礼において、トンバ(Dobbaq)と呼ばれる人々によって唱《とな》えられてきました。トンバはトンバ教の祭司です。仏教でいえば、お経を唱えるお坊さんのような人たちです。けれども、たとえある国が仏教を信じる仏教国だからといって、その国のすべての人がお坊さんであることはないように、ナシ族のすべての人がトンバなのではありません。ですから、トンバ経典を読んだり、トンバ文字を書いたりするのも、すべての

祭祀をとり行うトンバ

ナシ族の人々ができることではなく、むしろそれはナシ族の中のトンバというごく一部の人々の間にのみ行われてきたことなのです。ちなみに、漢字を用いる中国では、ナシという民族名には「納西」という漢字を当て、「トンバ」という言葉には「東巴」という漢字を当てて表記しますが、これらは発音に対する当て字であって漢字そのものの意味とは関係がありません。

1996年7月、私はナシ族の言葉と、神話や民話を学ぶため、雲南省へと旅立ちました。この時、日本では専門的にナシ族の研究をする人は少なく、特にナシ族の言葉であるナシ語は、日本では勉強することができませんでした。そこで雲南省の省都である昆明《こんめい》市に着いた私は、ある先生にナシ族の大学院生を紹介してもらい、ナシ語の勉強を始めることにしました。その時に紹介してもらったのは、鮑《パオ》さんというナシ族の青年でした。けれども、彼もそれまでにナシ語を教えた経験はなく、私も彼も、すべてが手探りの状況でのスタートでした。ともかくすぐにできることとして、事前に日本で集めた資料をもとに、鮑さんにナシ語の単語を発音してもらい、それを録音してひたすら繰り返して聞いたり、資料にある音声記号を頼りに発音を練習したりしました。その年の末にいったん帰国した私は、雲南での長期滞在の準備を整え、翌1997年の後半から再び雲南省に

民間合作社の住居（96年）

1996年当時の麗江・新市街

渡り、それからのおよそ三年間を雲南省のナシ族地域で過ごしました。

はじめの一年は、私はやはりナシ語の勉強を続けました。大都会である昆明市からナシ族が住む麗江《リージャン》県（現在では麗江市になっています）へと移り、古い街並みが残る旧市街の外れにある、隣近所のナシ族の家屋とほとんど変わらない木造の建物に部屋を借りました。

そこは民間合作社《がっさくしゃ》という名前の組織で、五人のナシ族の職員が常駐していて、部屋を借りているのもほとんどの期間は私一人であったため、ナシ語の勉強には好都合な場所でした。

私はここで、毎日、市場で買った見慣れない食材を使って自炊しながら、彼らにナシ語を教えてもらう日々を過ごしました。けれども、もちろん彼らのうちの誰一人としてそれまでにナシ語を教えたことなどはありませんから、勉強と言うのは私から単語の意味や発音について質問することなのですが、彼らは私が聞いてないことまで延々と解説してくれて、かえって混乱するようなこともしばしばでした。けれども、異国の慣れない生活の中での彼らの温かい親切と、ナシ族の文化を外の世界に伝えたいという情熱は、十年近くたった今でも決して忘れることができません。

ところで、私が麗江に移り住んでまもなく、麗江の旧市街はユネ

雲南省

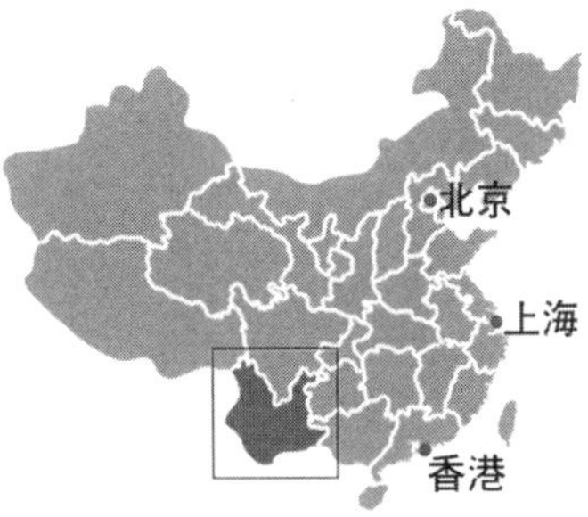

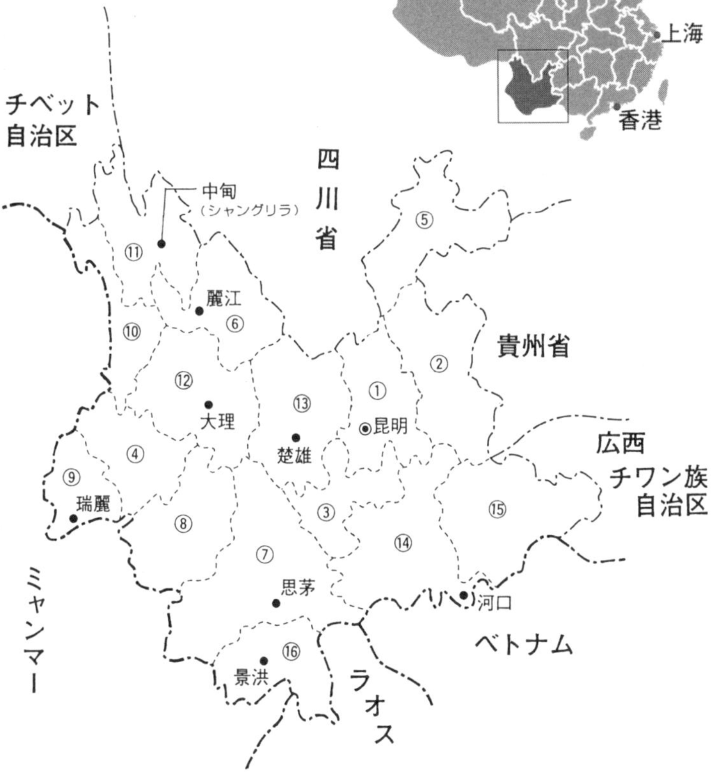

雲南省の行政区

①昆明市　②曲靖市　③玉渓市　④保山市　⑤昭通市　⑥麗江市　⑦思茅市　⑧臨滄市　⑨徳宏タイ族ジンポー族自治州　⑩怒江リス族自治州　⑪迪慶チベット族自治州　⑫大理ペー族自治州　⑬楚雄イ族自治州　⑭紅河ハニ族イ族自治州　⑮文山チワン族ミャオ族自治州　⑯西双版納タイ族自治州

玉龍雪山と新市街のはずれの市場(98年)

スコの世界文化遺産に登録され、その後、観光客はどんどん増えてゆきました。当初はちょっと寂しい街外れだった私の住居も、その後は観光客がちらほら現れるなど、次第に雰囲気が変わってゆきました。後には、毎年５月のメーデーと10月の国慶節の「黄金週(ゴールデンウィーク)」になると、麗江の街は観光客であふれかえり、細い道を歩くのに身動きが取れなくなってしまうことすらありました。けれども、大きく変化しているのは観光化が進んだ街の中心部であり、旧市街の住宅地でのナシ族の人々の生活は、それほど大きく変わっていないように思われました。

麗江へ移って一年あまり、多少ナシ語での会話もできるようになってきたので、私はナシ族の神話や民話を採集しようと農村部へと足を運びました。農村部に行くときは、安全のために案内をしてくれる人を雇った上で、バスや徒歩で移動しました。けれどもナシ族の中では、いわゆる神話や民話を語れる人というのは、この時点ですでに非常に少なくなっていました。「そのような昔の事は、トンバに聞け」ということも多くの人に言われましたが、これらの地域ではトンバと呼ばれる人の大部分がすでに亡《な》くなっていました。この期間、麗江の中心から北上した山間の農村部や、長江の上流である金沙江にそって北西に向かう地域などを訪問しましたが、なかな

金沙江

普段着姿の和志本老人

か神話や民話の語り手にめぐり合うことはできませんでした。

その後、1999年の11月になって、私は麗江県の北に位置する中甸《チョンディェン》県(この県はその後、シャングリラ県と名前が変わりました)の、麗江県寄りにある三《サン》壩《パ》郷《ごう》という場所で、和志本《ホォチーベン》さんという老人と出会いました。和老人はトンバで、経典を読むこともできる古老です。和老人は、当地にできた観光施設である「トンバ文化山荘」に常駐し、旅行者にナシ族の文化を紹介しながら、トンバ経典の復元作業を行っていました。私が和老人にこの地へ来た目的を告げ、ナシ族の物語を語ってくれるようにお願いすると、和老人はそれを快く引き受けてくださいました。11月と言ってもそれほど寒くもない、午前の澄みきった空気の中、やや強い高地の日光が斜めに差し込むナシ族様式の木造家屋の二階で、経典の復元作業の合間に一息つきながら、和老人が語ってくれた話の一つが、この本でご紹介する物語です。

和老人が語ってくれたのは、ナシ族の神話の中で最も代表的な物語である、ナシ族の祖先のツォゼルグという青年についての話です。この話は、宗教経典であるトンバ経典にも記されている重要な物語で、これまでにも中国語や英語への翻訳や、これに関する研究が行われてきました。けれども、それらはいずれも宗教儀礼で唱えられ

玉龍雪山の中腹　雲杉坪　草原と森林が広がる

る難解なナシ語で書かれたもので、トンバではない普通のナシ族の人々が、そのすべてを理解できるわけではありません。一方、和老人が語ってくれた物語は、そのような難しい経典の内容を、分かりやすい話し言葉のナシ語でやさしく語ってくれたものです。物語の大筋は経典に記されたものと同じですが、細部ではその内容に違いもあります。私はこれが、現在一般に使われている、話し言葉としてのナシ語の記録として重要な価値があると考えています。そして同時に、ナシ族の一般の人々の文化と、トンバ教という宗教における複雑な文化の違いを理解するうえでも、大きな意味があると考えています。というのは、現在では、ナシ族と言えばトンバ経典や象形文字ばかりが有名になってしまい、その反面、ナシ語の話し言葉のような、ありふれているけれども、決して無視することのできない文化には、あまり目が行き届かない傾向があるからです。また、これまでに日本語に訳されたトンバ経典は、すべていったん中国語に訳されたものから、さらに日本語へと訳されたものでした。この本でご紹介するテクストは、私自身ができる限りナシ語の原文を理解することに努め、和老人のナシ語から直接日本語へと翻訳したものです。

ところで、ナシ語での語りを録音できたからといって、それをテ

観光客でにぎわう旧市街の中心　四方街

クストに書き起こすのは簡単なことではありません。和老人の物語の録音を終え、いったん麗江の旧市街に戻った私は、まず自分の分かる範囲で書き起こしを始めましたが、そう簡単に聞き取れるものではありません。そこで、この物語に関連するトンバ経典の資料を参照しながら、ストーリーや特殊な語句を理解したり、部分的にナシ族の研究者に聞いてもらったりして書き起こしてゆき、それだけで数ヶ月を要しました。そして最後にもう一度、ナシ族出身の研究者である和力民《ホォリーミン》先生に、書き起こしたナシ語とその中国語による逐語訳をチェックしてもらいました。録音したナシ語の語りには、ナシ語の中の方言による違いも含まれており、言葉遣いの非常に細かな部分では、書き起こしが困難なところもありました。けれども現地の研究者の手助けのおかげで、最終的にはナシ語による物語として一定の形のものになりました。この本では、ナシ語のローマ字表記に則《のっと》った原文と、単語ごとの訳と文ごとの訳（どちらも日本語によるもの）と、それを読みやすい日本語に書き直したものとを、ともに収めてあります。

現在、麗江の旧市街では、これまであまり顧《かえり》みられてこなかった、ナシ族の子供たちに対するナシ語の教育が始まっています。それは、観光開発や市場経済の進展により、ナシ語という言葉が失われてし

Mei nee mil me sol,
母不教,
Mil yuq peel me leq.
女不楚。

ナシ語のローマ字表記・
漢字・トンバ文字

まうという危機感が現れてきたためです。このようなナシ語の教育で用いられているのは、トンバ文字ではなく、この本に収めたテクストでも用いているナシ語のローマ字表記です。かつてナシ族の文字として作られたこのローマ字表記は、現実にはあまりナシ族の間では広まっていませんが、遠く海を隔てた異国である日本での、ナシ語のローマ字表記を用いた本書の出版が、少しでもそれに対する刺激になればと思っています。

最後に、私が雲南へと旅立ってからこの本の出版に至るまでの間に、何度となく私を助けてくれた数多くのナシ族の皆様に、心からの感謝を申し上げます。

Jjeq《ジュ》 bbei《ベ》 seiq《セ》!（ありがとう！）

2006年5月　　著者しるす

ツォゼルグの物語

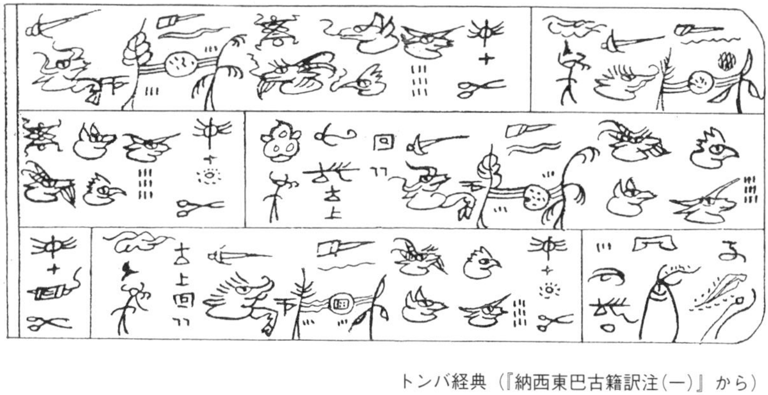

トンバ経典（『納西東巴古籍訳注(一)』から）

トンバの装束に身を包んだ和志本さん

ツォゼルグの物語といえば、昔々のことだが、ムゼツツの代までさかのぼることになるのだな。ムゼツツの代からツゼユゼの代、ユゼキュゼの代、キュゼジゼの代、ジゼとツォゼの代へと下ってな。

うーん、ツォゼの代になると、ルグの五兄弟がいたんだな。それはな、ルグ五兄弟、キミ六姉妹といってな、あの時、そうさな、ルグ五兄弟とキミ六姉妹がおったのだな。どちらも父母は一緒だ。

その時はなぁ、相手を探そうとしたって、ほかに女はいないからな。男は、ほかには妻を探すてだてがないのだよ。女の方も、ほかに夫を探すてだてがないのだよ。あの時は、ほかに人というものがいないのだ。

それだからな、ルグ五兄弟は五人の男だな、兄弟五人。キミ六姉妹は、これは娘が六人だ。うーん。それでもって、五人が五人と結ばれることになったのだ。あぁ。

五人が五人と結ばれるとな、あと、娘一人が余る、そうだろ？　しかしなぁ、この五人が結ばれるのはなぁ、うーん、これはとても許されないことなのだ。なんともひどいことであってな。そんな許されないやり方で、一家になったのだな。

それで、このことが天を怒らせ、地を怒らせることになってしまった。天を汚《けが》し、地を汚してしまったんだよ。あぁ。こうして、彼らは過《あやま》ちを犯してしまった。

さてさて、キミ六姉妹の末娘はな、地上で相手を探すてだてがないから、天上へ探しに行った。天上にまぐわいの相手を探しに行ったんだ。あぁ。

ツォゼルグといえばなぁ、その母のことはな、今の世の中には語る者はおらぬのだよ。ツォゼルグの母は、キミ六姉妹の末娘なのだ。ツォゼルグはその息子なのだな。父の名は分からぬ。だが、その人は天上のお方なのだ。そう、父は天上のお方だ。

それで、この人は、ちょっとした混血なのだな。そうだろ？　母は、そう、地上の人で、父は天上の人だ、あぁ。ツォゼルグは、天の人と地の人の混血だな。これはまあ、言ってみればなぁ、ちょっとばかり天上の種族になった、ということだな。天の種族だからな。

ほかの兄弟姉妹は、血のつながったものどうしで結ばれたのだから、これは不吉なことになった。許されないことをしたのだな。

そこで、天の神であるジラアプは、こりゃぁ大変なことだがなぁ、洪水を起こさなければならなくなったのだ。

ところで、ツォゼルグは、その母があの末娘で、父が少し良い種であって、その息子として成長したんだ。ツォゼルグはそのような天の種なのだ、天のな。

そこで天の神のジラアプがおっしゃるにはな、「お前こっちに来い、ここに来い。」とな。

「お前は、お前の良い物、良い穀物の種と良い家畜をすべて準備しなさい。そして、家に帰ったらヤクを一頭つぶすのだ。ヤクを一頭つぶしたら、そう、そのヤクの皮を張って湿った皮袋を作り、それらを全部中にいれなさい。そうして高い山の上の、コノテガシワの木とモミの木のてっぺんに、それを結びつけるのだ。」とこうおっしゃった。

あぁ、他の連中はといえば、天の神はその連中を殺したいんだな。あの連中には、豚を一頭つぶさせて、その豚の皮袋に悪いものをごっそり入れさせて、山の下の木に結びつけさせた。松と栗の木の間に結ばせたのだな。そう、松と栗は山の下にあるからな。ちょっとでも洪水になれば、溺《おぼ》れ死ぬよな。そうだろう？

ツォゼルグはといえば、ずっと高い山のてっぺんに結びつけたから、これは死なないはずだな。うん、ツォゼルグは生き残るよな、あぁ。

そのとき、地上の人が死んでから、ツォゼルグの父と母のことは、語る者とていないのだ。麗江《リージャン》にもいない。誰も知らない。あぁ。だが、ツォゼルグはな、キミ六姉妹の末娘、天上で遊んだあの末娘の息子なのだ。

他の兄弟姉妹は、それぞれ一家のものどうしで結ばれたな。だがこの末娘は、一緒になる相手がいなかったのだな。この末娘は、天上に行って、天上の人と遊んで、生まれたのがツォゼルグだから、ツォゼルグは天の息子だな。父の名は分からぬ。母はたしかにこの末娘なのだ。あぁ。その後にな、ツォゼルグは生き残り、ほかの連中はみな水の中で溺《おぼ》れ死んでしまった。そう、いなくなったのだな。

それで、地上には、ツォゼルグのほかには、もう一人もいなくなったのだ。つまり天の神は、ツォゼルグをお残しになったんだな。ツォゼルグを殺さなかった。ツォゼルグは天の種族だからな。ツォゼルグたった一人をお残しになった。

さてそれでなぁ、ツォゼルグは、毎日、あっちで遊び、こっちでぶらつくという具合で、ただこう、ぶらついていたんだな。それでも一人の娘にも会わなかったよ。あぁ。

ツェフボボは、天上の、天の娘でな。ジラアプの娘だ。そう。

だが天の神は、このツェフボボを、ムゼカラの嫁にやったのだ。ところがツェフボボは、このムゼカラを好かずに、ツォゼルグを好きになった。あぁ。

それで、ある時、この娘はムゼカラを嫌《きら》ってな、地上にツォゼルグを訪ねて来たのだ。それで、お互い行ったり来たりしてな、でも最初は出会っても二人ともしゃべらなかった。それで、ただぶらついていた。そうしてぶらついているうちに、また二人は顔を合わせたんだな。これで二回出会った。

で、そこに梅が一本生《は》えているのだな。その梅は、もう花が落ちていたのだ。そう、咲き終わっている。そこで二人は、もう一度会ったら一家になろう、と言うんだな。それが良いかどうかは、この木で様子を見ることにする。あぁ。

つまり、この梅は今は花が落ちている。しかし、もし、もう一度咲いたならば、二人は一家になってよいということにしたんだ。でも、もう一度花が咲かなければ、一家にはなれないということになる。

それで、また二人がぶらついて、再びここで出会ったら、なんと、この梅の木がもう一度咲いたのだよ。あぁ、そういうわけだ。これなら良い。もう一回、咲いたのだから。我々二人は一家になれる。つまりな、この木が二人の仲を取り持ったのだよ、この梅の木が。

これをなぁ、「ルァモの梅、白黒の接する所、ルァモの梅の花、八ヶ月に二回咲く」、と言うのだよ。あぁ。

「梅が二回咲く」というのは、これから来たんだ。二回咲くというのは。

うーん、我々人類の、昔々の風習と言えば、「求め合う結婚」というのがあるのだな。それは、こういうものだよ。この、「求め合う結婚」というのは、やはりここから来たのだ。うん。これは自分の好きな相手と一家になるということだな。

しかし、昔、といってもこないだまでの風習は、みんな親が取り決める結婚だよな、だろう？　そうでなくて、お前もわたしが好きだ、わたしもお前が好きだというような、愛し合う結婚が、「求め合う結婚」ということだな。

さてそれでな、この梅の木の取り持ちで、この二人を一家にさせたわけだが、 さて一家になって、二人で連れ立って天に上って行く。天に上るとな、なにせこの娘はこの男がとても好きだからな、気づかれないうちに、ツォゼルグをちょっと小さくして、一羽の鶴のわきの下に挟《はさ》んだと言うんだな。そうやって、天上に上って行った。

それで、ジラアプの家に着くと、この娘はツォゼルグを隠したんだな。隠した。銀と金の籠《かご》を被《かぶ》せてツォゼルグを

隠したというんだな。

さて、ジラアプの家では、夜になると羊が驚いているというんだな。昔は羊を「ブ」と言うのだが、「ブ」が驚く。で、犬も吠《ほ》える。犬はどう吠えるかというと、一日中、中から外に向かって吠え、次に外から中に向かって吠える。この人は中に隠れているのだろ？　また、羊はな、外にいると、鼻をもたげて中に向かってちょっと臭《にお》いをかいで、ひどく驚くというんだな、驚くのだ。

それで、ジラアプは、「何かがここにいる、殺すんだ。」と言って、一日中、刀を磨《と》ぎはじめたというんだな。刀を磨いだり擦《す》ったり、あぁ、そんなふうにして刀を磨いでいると、この娘がジラアプに問うた。

「おとう様、あなたは、どうして刀を磨ぐのです？　どうして刀を擦るのです？」とな。

すると、ジラアプはな、「刀を磨ぐのは、夜に羊は驚いて震え、中を見て鳴いている。外から中を見て鳴いているのだ。それだから、こういうふうに刀を磨ぐ。こういうふうに刀を擦る。あぁ、こうするのだ。」と、言うんだな。

するとこの娘が言うのには、「いえいえ、この人は違いますよ。親指の大きい良い男。価値のある、害してはいけない男です。これは、主人が恐ろしくなければ下人《げにん》は逃げず、恐ろしければ下人は逃げる、そのような男です。とても人のいい男ですよ。我々の家で、天が晴れれば穀物を見張らせたり、天が曇れば水を引かせたり、溝をすくわせたり、溝に水を引かせたり、こういうことをさせます。」と、言うんだな。

するとこの長老も、「うーむ、それならば……」と、まあ少し信じたのだな。そして、「うーむ、それならば、後ろの鋭い刀の梯子《はしご》の所から連れて来なさい。」と、言うのだよ。でもそこは、かみそりのような鋭い刀でできた梯子なのだ。ナイフの梯子だな。あぁ、大変だ。そこから連れて来なければいけないのだ。

それはな、もし我々の足が触れたならば、あっという間に切れて血が出るような、するどい刀が並んでいる。もしも、ツォゼルグをそこから連れて来て、何ともないのならば、これはすごい人だということになるよな。

いやー実はな、この娘には奥の手があるんだな。この娘はツォゼルグが好きだから、この手を使う。娘は呪文《じゅもん》を唱えて、鋭い刀の梯子の上をツォゼルグに一歩一歩踏ませていった。そして中に着くと、ジラアプがツォゼルグの手を見る。すると、手にはちょっとの刀の傷《きず》もない。足を見ても、足にもやはり刀の傷はない。おや、これならば、こいつはちょっとすごい奴《やつ》かも知れないな。ほう。

そうして、ツォゼルグを家に来させた。そうするとツォゼルグは、「ジラアプ様、あなたの娘を私に下さい」と、言ったのだな。

ジラアプは、「与えてくれと言うなら与えてもいいぞ。与えてもよいがな、その前にお前、お前が有能だというならば、九つの焼畑の山の木を、全部切りなさい。それから、九つの焼畑の山を全部焼きなさい。種をまいたら、今度は種を拾いなさい。」と言うんだよ。そういうふうに、ツォゼルグを試したんだな。だろう？

するとツォゼルグは、九本の斧《おの》を探した。九本だ。九本の斧を探すと、その九本すべてを九つの焼畑の山のそばに

置いて、それから自分はそこに寝た。次の朝に見ると、九つの焼畑の山の木は全部切られてあった。

こうなると焼くのも簡単だな。九つの焼畑の山を全部焼いて、九つの焼畑の山に全部種をまいて、まいたら、さて、今度は種を拾って来いと言うんだな、ジラアプは。種を拾えと。

ところがな、種を拾って来たら、三粒足りないと言うんだよ、三粒。種が三粒足りないと言うんだな。

実は、これらの種はな、こんなことになっていたのだ。一粒と半分は、おやおや、キジバトの砂嚢《すなぎも》に入っていたのだよ。それで、もう一粒と半分は、これはアリの腰に入っていたんだよ、だろう？　すると、ツォゼルグは、黄色い木の弩弓《いしゆみ》を持つと、狙《ねら》いをつけて、この鳥を射ようとしたのだ。ところが狙いはつけたものの、なかなか射れないのだな。

ツォゼルグは、弓を引いたけれど、うまく放てないわけだな。すると、この娘が白い鉄の梭《ひ》でツォゼルグの手をちょっと打った。矢が放たれて、キジバトに当たった。そうして、一粒と半分は見つかった。

　しかし、もう一粒と半分は、あぁ、アリの腰に入っているんだな。二人は、馬の尾の毛を糸にして、それを持っていってアリの細い腰を締《し》めたんだな。それで穀物の粒は見つかった。三粒とも見つかったのだ。

　さてそこで、ツォゼルグは、「嫁入りの衣装を与えてください。金銀の品物を分けてください。」と言ったんだな。するとジラアプは、「お前が求めるものは、お前に与えてもよろしい。よろしかろう。しかしな、お前が本当にわしの娘を求めるのなら、今度は虎の乳を搾《しぼ》って来い。」と言うんだよ。あぁ、大変だ。「勇ましく虎の乳を搾って来い。」とな。

　するとツォゼルグは、最初の一度目は、この娘にそれを相談しなかったのだ。相談もしないで、一人で虎の乳を搾りに行ったが、搾れなかった。そう。それで、狐《きつね》と山猫の乳をちょっと搾って来た。それを、ジラアプに渡した。

　ジラアプは、この乳を犏牛《ピエンニュウ》[1]とヤクの間に置いたのだが、犏牛《ピエンニュウ》とヤクはなんともなかったんだな。ぜんぜん、跳《と》

1　雄のヤクと牝牛の交配種。

んだり震《ふる》えたりしないのだ。次に、ニワトリの間に置いてみたら、ニワトリは跳びあがって震えた。びっくりしたんだな。

するとジラアプは、「おー、これは虎の乳ではないぞ。虎の乳ではない。お前には、わしの娘は与えないことにする。お前には与えないぞ。お前は、狐と山猫の乳を搾って来た。虎の乳ではない。お前には与えられない。」と言うのだ。

こうなると、この娘はちょっと面白くない。しばらくして、ツォゼルグがこの娘に尋ねに行った。ツォゼルグが、「一回やったけれど、成功しなかった。どうしたらいいのか？」と聞くと、ツェフボボは、「えぇ、あなたは私に聞かなかったね。虎の息子は、日《ひ》陰《かげ》の斜面にいるのよ。虎の母は日《ひ》向《なた》の斜面にいるのよ。」と言うんだ。

「あなたは、ミジュクジュの石を一つ持って」、これはなぁ、とても良い石だ。「この石で、声も出さないように虎の息子を叩《たた》くの。虎の息子を叩いたら、その皮を剥《は》ぐのよ。剥いだらそれをかぶって、虎の子と同じように座っていな

さい。少し待てば、日向にいる虎の母が戻ってきて、虎の子に乳を与えるわ。」

　さてそれでな、ツォゼルグは、虎の子の皮を頭にかぶって、足も見えないようにちゃんとかぶって、そこに隠れたというんだな。それで、虎の母が帰ってくると、虎の母はすぐに子供をつかんで乳を飲ませたのだが、その間、ずっと天を見ているというんだな。子供は見ないのだ。もし見れば、ツォゼルグを見つけられるのにだ。しかし見ないのだ。

　虎の母が見ないので、ツォゼルグが虎の乳房に近づいて、乳を飲むふりをしてな。そっと近づいて、それで少し搾れたようなんだな。乳を搾ると、この虎の母はどこかへ跳んで行ったというんだな。こうして、ついに子供を見ないというんだ。あぁ、良かったな。

　そうして、ツォゼルグは虎の乳を持ってきた。虎の乳を持ってきたのだよ。ジラアプは、今度はまず、その乳をニワトリのいるところに置いたが、ニワトリはちっとも驚かなかった。次に、犏牛《ピエンニュウ》とヤクのところに置くと、犏牛《ピエンニュウ》とヤクはみんな驚いて震えたと言うんだな。だろう？

ジラアプは、「うーむ、まさに今回はなぁ、ほぼ虎の乳だな。あぁ、そうだ。それではお前に与えてもよろしい。しかしまだな、どうしてもお前がわしの娘をほしいというのなら、お前、崖《がけ》の青羊《あおひつじ》[2]を一頭獲って来い。」と言うのだ。

さぁ、これはとても大変そうだな。夜中に、ツォゼルグはジラアプに伴われて山に上り、大きい石を一つ近くに置くとな、そうして崖に寝るというんだ。崖でうとうとしているころ、ジラアプが足でこの石を蹴って、石は崖下に落ちていった、あぁ。するとこれが、下で一頭の青羊に当たったというんだな。

ツォゼルグが後で探しに行ったら、青羊が一頭、石に打たれて死んでいたんだな。そうやって、青羊の肉を持ってきた。

さてそれで、老人は回り道を歩き、ツォゼルグは近道を歩く、というんだ。この老人は遠い道を歩いて来て、ツォゼルグは近い道を歩いて来たので、家に着くのは、ツォゼ

2 高地の岩場に棲息する野生動物バーラル。

ルグのほうが早かったんだな。

そして、ツォゼルグが言うには、「今夜、お客様が来たならば、お客様のおかずにしてください。お客さまが来なければ、長老様のご飯のおかずにしてください。」と、こう言ってやったんだな。

いやー、これで青羊は獲れた。青羊は獲れたんだな。青羊の肉や角が手に入った。しかしジラアプはな、「お前、今度は崖の（下の）肥えた魚を捕らねばならん。魚を一匹仕掛けて捕って来い。」と言うのだ。

さあそれで、老人とツォゼルグは一緒に崖に行った。ツォゼルグは、大きい石をヤクの毛の織物で包み、老人の足の後ろに置く。老人がまた蹴るからな。さて、夜中になると、ジラアプは足を伸ばしてこの大きい石を蹴ったんだな。ちょっと蹴って、石が水の中に落ちると、そう、それが一匹の魚に当たったと言うんだな。

このようにして魚も捕ってきた。さて今度はどうなったかというと、ジラアプは、「お前が求めるものは、お前は得てもよろしい。お前がやることには感服した。しかしお

前な、結婚を求めるこの日に、結納《ゆいのう》は何を持ってきたのか？　お前の結納は何なのだ？」と言うんだな。

そこで、ツォゼルグが言うのにはな、「私は、えー、高い天に散らばる星のようにたくさんいる私の家畜も、天には持って来れません。地上の草のようにたくさんある、馬の荷ほどの金銀も、天には持って来れません。しかし以前、九つの山で獣を狩り、そうして結納を差し上げております。すべて探しあてて、あなた様にお渡ししましたよ。」とな。

ここでツォゼルグは、何度も「下さい、下さい」とひたすら言ったんだな。ジラアプの娘を。ひたすら下さいと言うので、ジラアプもどうしようもなく、ツォゼルグに娘を与えることにした。あぁ、やれやれ。

さてジラアプは、ツォゼルグとツェフボボの二人に、実った九種類のタネを与え、九種の家畜を与えたのだが、あぁ、ネコは与えなかったというんだな。だろう？　タネや家畜を渡したが、ネコは与えなかった。うーん。しかし、いまネコは家畜の中に入っている。ネコは、後から自分で逃げてきたんだな。

実った九つのタネを与えたが、野壩子《イェパァズ》[3]のタネは与えなかった。しかし、いま野壩子は作物の中に入っている。これも後から追ってきたのだ。タネをいろいろ与えたが、野壩子は与えなかったので、いま野壩子は、穂が小さくて種も小さい。

あぁ、犬を一匹連れて、ニワトリを一羽持ってきた。白い犬を一匹連れてくると、客と主人が分けられたんだな。犬を連れて来るとな、我々の身内の人と外の人とを、犬が（外の人に吠えて）分けた。それで、客と主人が分けられた、というんだな。

大きいニワトリが鳴いたので、昼と夜が分けられた、というんだな。昼と夜を区別したのは、このニワトリだというんだな。

このあと、やっと二人は一家になった。それから、クツィウォルポワに住んだのだ。クツィウォルポワに住んで、あぁ、家を建てたり、土地を開いたり、畑に種まきをしたりした。

すると、天上のムゼカラが、不満に思ってな、毎日悪い

3　種から油が取れる当地独特の植物。シソ科の一年草。

雨と雹《ひょう》を降らせたというんだよ。おやおや。それはな、何をおいても、ツェフボボがもともとはムゼカラの妻であったためだ。それをツォゼルグが、かどわかしたことになる。それで、ムゼカラが悪い雨や雹を降らせたのだな。雷も鳴った。そうして、畑を不作にさせたというんだな。あぁ。

さてその後、ツォゼルグとツェフボボは一家になって、息子を三人生んだのだな。

それから、あと一段、別の話があるのだが、この段は、いまなくなったのだ。それはな、縦目《たてめ》と横目《よこめ》の女がいるという話なのだな。今の人は、横目だけだがな。ツォゼルグは、そこで縦目を追いかけて、それから横目の女を求めに行ったんだな。この話は二つ、いや三つの経典の中にあるな。

『ツォバサ』の中には、一箇所ある。あぁ、『トゥゾ』にもひと区切りある。えーと、この二つにあるはずだな。二つだけだ。

それで、息子三人を生むと、この三人の息子は言葉がしゃべれないというんだな。そこで、大きい息子を外に行かせた。この息子に、外の世界を見せにやると、馬一頭が、カブを食べていたと言うんだ。この息子が戻ってくると、えー、これが、「タヌユマチャ。」と言ったんだな。これはチベットの言葉で、「馬がカブをかじっている。」と言ったらしいんだな。

次にな、一番小さい息子を行かせると、「マヌマツィチ(馬がカブを食べている)。」と言ったんだな。そう、漢語で言ってるんだな、これは。だろう？

最後に、真ん中の息子を行かせると、さーて、この真ん中の息子は、「馬がカブをかじってるよ。」と言ったのだ。馬が畑の中でな。

さあ、一人の母の息子が、三種類の人になった。あぁ、大きい息子は、ちょっとしゃべるとそれがチベット語で、チベット人になった。小さい息子は、ペー族になった。真ん中の息子はこれがナハ[4]になったので、ナハ語になったんだ。あぁ。それでな、ナハは天の下に住むんだな。

チベット人は、これがなぁ。あの三人は分かれてな、チベット人は、山の麓《ふもと》に住んだ、チベット人は。ツァンパ[5]

4 当地の方言で「ナシ族」のこと。
5 ハダカムギ粉を炒ったもの。バター茶などで練って食べる。チベット人の主食。

を握って人形《ひとがた》をつくり、その人形を祀るのだ。あぁ。

ペー族は、ツツジの下に住むという。ツツジの下……、後は何と言うかわからないんだがな。ペー族はツツジの下に住む。ツツジの葉のように繁栄する、ということだな。

真ん中の息子は、我々にそのままつながるナハだ。あぁ、ナハは天の下に住んで、天の星のように繁栄する。

あぁ、霊を祀るしきたりも彼らは知った。客をもてなすしきたりも彼らは知った。何を祀るにしろ、儀礼のしきたりは、すべてこの人に由来するというのだな。霊を祀るしきたりを知り、客をもてなすしきたりを知ったというんだ。あぁ、この三人は。ツォゼルグとツェフボボの三人の息子たちはなぁ。

さあー、今に伝わる、天の祭りはこれがすべてだ。天を祀るのは、最初の時はな、天そのものを祀ったのだよ。わしの証明はな、ほれ、そこにある、そこ。今、馬をつないでいるそこだ。そこは、昔の人が水がないときに、溝に水が湧《わ》き出たんだ。水が涸《か》れてその下のところに、祭壇を置いたんだな。

しかし、ツェフボボはジラアプを怖《おそ》れたのだよ。天に帰ろうとしても、帰ったがさいごジラアプは下に戻らせなかったんだな。ジラアプを怖れて、天の神を祀る祭壇を地上に置いて、地上で天に供えたんだな。

人が言うのには、王を祀るとか、木《ムー》の殿様[6]を祀るとか何とか言うが、そうではないのだよ。天そのものを祀っているのだよ。

ジラアプの天、ツェフアズの地、と言うのだよ、この二人は。ジラアプの天というのは、天のジラアプのことだ。ツェフアズの地というのは、地上のこの老母、ツェフアズのことだ。

一つは大いなる天、一つは大地だよ。その間のは、神、最もすごい類のものだ。これを除いては、あとは最も有名な山とかな。そういうのを祀っているんだ。あー、こんなふうになっているんだな。

6　土司（世襲の地方官）を代々務めた木氏一族の族長。

装画（彩色切り紙）・挿絵

はやし　まきこ

早稲田大学教育学部国語国文学科卒業。在学中は早大児童文学研究会に所属。卒業後は出版社勤務を経て編集とイラストの仕事に就く。一九九一年九月、中国・北京の中央美術学院に留学、九二年九月から二年間は文部省派遣国費留学生として水墨画・民間美術などを学ぶ。雲南省やチベット自治区、陝西省他の農村にも足を運び、中国各地の民間美術に親しんだ。挿絵の仕事に、『とっておきの中国の民話』（みくに出版）、『クラウン中日辞典』（三省堂）、『ＮＨＫテレビ中国語会話』（巻末エッセイ「暮らしの暦　心の対話」二〇〇五年四月号から連載中）などがある。

ナシ語によるテクスト

ツォゼルグの物語

トンバ経典の表紙絵（『納西東巴古籍訳注（一）』から）

ナシ語によるテクストについて

以下に示すテクストは、1999年11月19日、雲南《うんなん》省廸慶《ディーチン》チベット(藏)族自治州中甸《チョンディエン》県三壩《サンパ》郷白地《バイディ》に居住するトンバ、和志本《ホォチーベン》さん(当時満73歳)に語っていただいたものです。本書では、ナシ語のローマ字によるテクストを示し、下に逐語訳を付した上で、文ごとの日本語訳を示しました。

逐語訳では、文法的な成分については本書に収めた文法的要素の記号一覧に示した略号を用い、それ以外の名詞や動詞などについては、その意味を直接記しました。量詞(助数詞)には(　)を付し、それ以外にも単独で文の成分になれないものや、一覧に含まれない文法的な成分などについては、(　)を付しました。明らかに漢語(漢民族の言語)からの借用語である場合には、[　]にもとの漢語を示し、日本語の解説が必要なものについてのみ脚注で示しました。発音が不明瞭、あるいは音声が小さいため聞き取れなかった部分は、「----」で示し、白地の方言独得の発音や単語については、それぞれ脚注で説明し、麗江《リージャン》・大研鎮《ターイェンちん》の発音も付記しました。

また、文末の助詞などについては、語りの中で音声が変化し、記述が困難なものもあります。テクストでは、記述と解釈について協力していただいたナシ語のネイティブ・スピーカーによる語感を尊重しましたが、非常に大きな音声的な変化がある場合には、変化した音声を直接記述した部分があります。各語の声調は、前後の語や文中の位置により変動がある場合がありますが、ここではなるべく語本来の声調を記すことにしました。ただし、明らかに異なる声調に聞こえる場合には、それを直接記したところもあります。

■ナシ語の表記法

これまでに用いられてきたナシ語の表記法にはいくつかの方式があります。そのうち、本書で用いた方式は、中国の学者によって作られたローマ字による表記法です。この表記法は「ナシ族文字方案」と呼ばれ、大研鎮《ターイェンちん》の方言を標準音として設定されたもので、ナシ語による新聞や教科書、いくつかの刊行物において用いられてきました。以下に、この表記法をIPA(国際音声学字母)で示したナシ語の音素と対照させて示します。なお、本書では[その他の規則]に、若干の追加を行っています。

[子音]

ナシ族文字方案	b	p	bb	m	f	d	t	dd	n	l
IPA	p	p^h	mb	m	f	t	t^h	nd	n	l

ナシ族文字方案	g	k	gg	ng	h	j	q	jj	n(i)	x
IPA	k	k^h	ŋg	ŋ	x	tɕ	tɕ^h	ndʑ	ɲ	ɕ

ナシ族文字方案	z	c	zz	s	ss	zh	ch	rh	sh	r
IPA	ts	ts^h	ndz	s	z	tʂ	tʂ^h	ndʐ	ʂ	ʐ

[母音]

ナシ族文字方案	i	u	iu	ei	ai	a	o	e	er	ee	v
IPA	i	u	y	e	a	ɑ	o	ə	əɹ	ɯ	v̩

ナシ族文字方案	iai	ia	ie	iei	ui	uai	ua	ue
IPA	ia	iɑ	iə	ie	ui	ua	uɑ	uə

[声調]

声調は、音節末に以下の文字をつけることで表す。

ナシ族文字方案	：l	（なし）	q	f
IPA	：˥	˧	˩	˩˧

[その他の規則]

1.　i および i を含む二重母音が、子音なしで音節を構成する場合には、「yi」、「yu」、「yai」のように表記する。

2.　u および u を含む二重母音が、子音なしで音節を構成する場合には、「wu」、「we」、「wai」のように表記する。

3.　iu および iu を含む二重母音が、j、q、jj、ni、x の子音と組み合わさる場合には、i を省略して「ju」、「qu」、「xu」のように表記する。

4.　音節の切れ目が曖昧になる場合には、アポストロフィー（ ’ ）でその切れ目を表す。

5.　各文の最初の文字は大文字で書く。

6.　固有名詞の最初の文字は大文字で書く。

7.　接頭語は語と連続させて書く。例：ebbvq（兄）、語構成は〈e-bbvq〉。

8.　合成語の各成分は連続させて書く。例：gvfv（髪）、語構成は〈gv-fv（頭-毛）〉。

9.　感嘆詞などでは、母音を省いて書くことがある。例：ng:（「んー」）

10.　感嘆詞などにおける長音の表示には、コロン（：）を用いる。

11.　母音ee, eの前に現れる子音［ɣ］を v で表す方法もあるが、本書では中国で出版された出版物に見られる方式に従う。

■文法的要素の記号一覧 ■■■■■

ここでは、助動詞、副詞、接続詞、助詞(構造助詞、動態助詞、文末助詞)、その他の接尾語類、その他の文法形式の順に、よく使われるものに記号を与え、その意味や用法を解説しました。本書のナシ語によるテクストでは、ここで与えた記号のみを簡略に記すことにしました。

なお、ナシ語の文法の全体的な構造については、主要参考文献のページに掲げた『納西語簡誌』、『納西語基礎語法』などを参照して下さい。

1. 助動詞【助1～助11】

【助1】 gvl(可能)

「…することができる」という能力による可能の意味を表す。

【助2】 tal(許可・容認)

「…してよい」という許可・容認の意味を表す。

【助3】 dder(必要)

「…しなければならない」という動作の必要性を表す。

【助4】 naiq, niq, ner(必要)

「…しなければならない」という動作の必要性を表す。

【助5】 mai(獲得・実現)

「…して…が得られた」という獲得の意味や、一定の目標への到達を表す。

【助6】 zherq（使役）

「…させる」という使役の意味を表す。

【助7】 jjerq（可能）

「…することができる」という能力による可能の意味を表す。

【助8】 bbiu（敢えて）

「敢えて……する」「……する勇気がある」という意味を表す。

【助9】 ai（必要）

「……する必要がある」という意味を表すが、否定の“me”とともに、“me ai”として用いられ、「……すべきでない」という意味を表すことが多い。

【助10】 loq（可能）

「……できる」という可能の意味を表す。否定の“me”とともに、“me loq”として用いられ、不可能の意味を表すことが多い。

【助11】 me niq（禁止）

「……してはいけない」という禁止の意味を表す。

2. 副詞【副1～副9】

【副1】 me（否定）

否定を表す。

【副2】 el（疑問）

疑問を表す。

【副3】 la（並列・強調）

a. 「…も」という並列の関係を表す。

b. 「…さえも」という強調の意味を表す。

【副4】 dal（限定・強調）

a. 「…だけ」という限定の意味を表す。

b. 「…だけ」という意味から派生して、「まさにそれだけ」という強調の意味を表す。

【副5】 bbei（総括）

「すべて」という総括の意味を表す。

【副6】 lei（反復・流動）

a. 動詞に前置し、「再び」、「また」、「今度は」などの動作の繰り返しの意味を表す。

b. 動詞に前置し、動作の流動性を表す。一つの平面上の動きを表すことが多い。

【副7】 teiq（開始）

動詞に前置し、その動作が開始したことを表す。

【副8】 eq（開始）

動詞に前置し、その動作が開始したことを表す。

【副9】 yel（丁寧）

動詞に後置して、動詞に丁寧な気持ちをつけ加える。

3. 接続詞【接1～接7】

【接1】 nal（逆接）

「…だが、しかし…」という逆接の関係を表す。

【接2】 seil, sseil（仮定条件と結果／話題の提示）

a. 「…ならば、…」という、仮定条件とその結果を接続する働きを持つ。

b. 仮定条件の意味が薄れ、「…と言えば、…」という話題の提示を表す。この場合は、日本語で「…は、…である」と訳せることが多い。

【接3】 neel（選択）

二つの成分の間に用いて「…か、それとも…」という選択の意味を表す。

【接4】 leel（転接・対比）

文の転接を表す。多くの場合、二つのものを対比させる意味を表す。対比させる事物は、前後の文で表現されることもあれば、言外に暗示させたものであることもある。

【接5】 jjai, yel, yerl（論理的・時間的接続）

「…なので、…」「…といえば、…」「…すると、…」といった意味を表す。

【接6】 nee, ne, nei, neif, negge（並列）

名詞的な成分の並列を表す。「…と…」と訳せる。

【接7】nvl（主題の提示）

「…は、…」と主題を提示する。seil（接2）のbと似る。

4. 助詞

4.1. 構造助詞【構1〜構10】

【構1】nee（主語の表示）

直前の名詞や代名詞が、文の主語や主題であることを表す。日本語では「…が、」「…は、」と訳せる。

【構2】dol, gol（対象の表示）

直前の名詞や代名詞が、動作の対象であることを表す。「…に対して」「…に」などと訳せる。

【構3】nee, nieq（位置・基点／手段・道具）

a. 直前の名詞が時間・空間的な位置や基点であることを表す。「…に」、「…で」、「…から」などと訳せる。

b. 直前の名詞が、動作の手段・道具・材料などであることを表す。「…で」、「…を用いて」と訳せる。

【構4】gge（形容詞性修飾語の形成）

名詞・代名詞・形容詞の後に置き、形容詞性修飾語を形成する。「…の…」と訳せる。また、形容詞の後に置き、名詞的成分を形成する。「…の（もの）」と訳せる。

【構5】 bbei（副詞性修飾語の形成）

名詞・動詞・形容詞などに後置し、副詞性修飾語を形成する。場合によっては、bbeiに前置する成分は、一つの文であることもある。

【構6】 bul（動詞と補語の接続）

動詞と、動詞の意味を補足する補語との間に置かれ、両者を接続する働きを持つ。補語は、場合によっては長くなり一文を成すこともある。動詞“ceeq”（来た）と組み合わさる場合は、空間的な移動（「…してきた」）の意味や、動作の開始・継続（「…している状態にある」）の意味を加える。

【構7】 mei（動詞・形容詞と補語の接続）

動詞・形容詞、または動詞的成分と、その意味を補足する補語との間に置かれ、両者を接続する働きを持つ。補語は、場合によっては長くなり、一文を成すこともある。

【構8】 nee（動詞・形容詞と補語の接続）

動詞・形容詞の後に置き、続く成分がその補語であることを表す。“mei”と併用され、“neemei”となることもある。

【構9】 lei（強調）

名詞・動詞の後に置き、それらを強調する。

【構10】 yi（強調）

名詞などの後に置き、それらを強調する。

4.2. 動態助詞【態1～態5】

【態1】 seiq, sei, heiq（完了を表す）

動作の完了を表す。声調は、第二の声調（[˧]）となることもある。

【態2】 bbee（意思）

「(これから）……しようとする」という動作主の意思を表す。

【態3】 neiq, neeq（進行）

「現在…している」という、動作の進行を表す。

【態4】 pil, bil（完了）

動作の完了を表す。“seil” と結合し、“pilseil” という形式で用いられることが多い。

【態5】 jji（経験）

「……したことがある」という過去の経験を表す。

4.3. 文末助詞【末1～末12】

文末助詞は、通常は文末に置かれるが、他の文末助詞や助詞・接続詞類と並列することがある。

【末1】 moq, maq, maf, muq, mvq, nvqmaq（確認、強調）

確認、強調の意味を表す。

【末2】mei, meiq（命令・勧誘／確認）

命令文の場合は、主に目下の者に対する命令・勧誘の気持ちを表す。それ以外の文においては、「…だろ？」という確認の気持ちを表す。

【末3】seiq, heiq, xe, xai（断定）

文末に置かれ、断定の気持ちを表す。

【末4】neiq, neeq（命令・勧誘／確認）

命令・勧誘を表す文においては軽い命令の気持ちを表す。それ以外の文においては、「…だろ？」という確認の気持ちを表す。

【末5】zeel（伝聞）

文末に置かれ、「…だそうだ」という伝聞の意味を表す。

【末6】zo（可能性）

現象・動作の可能性があることを表す。また、否定詞を伴い、“me zo”で可能性がないことを表す。

【末7】wei, yo, yei, we（感嘆）

感嘆・詠嘆の気持ちを表す。

【末8】yi, ei（確認）

多くは“el yi”、“el ei”の形式で用いられ、「…でしょう？」という確認の気持ちを表す。この場合の意味は“el waq”（「…であるか？」→「…でしょう？」）とほぼ同様である。

【末9】 ye（感嘆・実見）

感嘆の気持ちを表す。また、自分の目で見ている事実であることや、それに近い現実感を持つことを表す。

【末10】 lei（疑問）

疑問を表す。多くの場合、“el”（副2）とセットで使われる。

【末11】 lal, lail（疑問）

疑問を表すが、多くの場合、すでに分かっている内容を敢えて問う場合に用いる。

【末12】 ddaq, ddeq（疑問）

疑問を表す。

5. その他の接尾語類【尾1～尾5】

【尾1】 -zo

動詞に後置し、「…する物」「…する方法」といった意味を形成する。

【尾2】 -gv

名詞・動詞に後置し、「…する所」「…する方法」といった意味を形成する。

【尾3】 -loq

名詞・代名詞に後置し、「…の中」という意味を形成する。

【尾4】 -bbeq

名詞・代名詞に後置し、「…の辺り」という意味を形成する。

【尾5】 -mei

名詞に後置し、その名詞に「大きい」という意味を加える。

6. その他の文法形式

【重】（動詞・形容詞の重ね型）

動詞・形容詞の重ね型については、重複する音節の部分に「-(重)」と記す。

【複】（複数）

接尾語による複数形については、「-(複)」と記す。

■ツォゼルグの物語 ■■■■■

Coqssei’leel’ee gge gvsee

ツォゼルグ (構4) [故事][1]

1. Coqssei’leel’ee chee sseil eqbbeisherlbbei chee waq maq ye,

ツォゼルグ これ (接2) 昔々 これ である (末1) (末9)

Miusseiceeceeq cherl nee ceeq, el waq,

ムゼツツ (世代) (構3) 来た (副2) である

ツォゼルグといえば、昔々のことだというが、ムゼツツの代から来た。だろ？

2. Miusseiceeceeq cherl, e, Ceeqsseiyuqssei cherl, Yuqsseijuqssei cherl,

ムゼツツ (世代) あ ツゼユゼ (世代) ユゼキュゼ (世代)

Juqsseizziqssei cherl, Zziqssei nee Coqssei cherl, a:,

キュゼジゼ (世代) ジゼ (接6) ツォゼ (世代) あー

ムゼツツの代、あ、ツゼユゼの代、ユゼキュゼの代、キュゼジゼの代、ジゼとツォゼの代、あー、

3. Eil, Coqssei cherl sseil, Leel’ee wal bbeiggvq seiq maq,

え ツォゼ (世代) (接2) ルグ 5 兄弟 (末3) (末1)

え、ツォゼの代といえば、ルグ5兄弟だな。

4. Leel’ee wal bbeiggvq, Jiqmil chual meiheiq chee maq, welcheekaq,

ルグ 5 兄弟 キミ 6 姉妹 これ (末1) あれ-(時)

ルグ5兄弟、キミ6姉妹だ、これがな。あの時は。

---

1. 漢語：話。物語。

5. Ei, Leel'ee wal bbeiggvq jjuq, Jiqmil chual meiheiq jjuq,

え ルグ 5 兄弟 いる キミ 6 姉妹 いる

え、ルグ5兄弟がいる。キミ6姉妹がいる。

6. Chee ni gvl seil, ebbamei ddee gvl dal waq,

これ 2 (人) (接2) 父-母 1 (人) (副4) である

この二つは、父母が(それぞれ)一人だ。

7. Hei'a:, cheebbei moq,

へあー これ-(構5) (末1)

へあー、こうだ。

8. Bbuqdiul[2] ninvq, sso seil ninvq lei shuqgv me zzeeq,

外 妻 男 (接2) 妻 (構9) 探す-(尾2) (副1) ある

外には…、妻は…。男はといえば、妻は探すすべがない。

9. Ninvq seil sso lei shuqgv me zzeeq mei,

妻 (接2) 男 (構9) 探す-(尾2) (副1) ある (末2)

妻はといえば、男は探すすべがないよ。

10. Welteekaq, xi me jjuq maq,

あれ-(時) 人 (副1) いる (末1)

あの時、(他の)人がいないのだ。

2. 大研鎮の発音では、muqdiul。

11. Tee zeeggeeqnee leel jjai, tafggeeq,

それ　理由-(構3)　(接4)　(接5)　彼-(複)

それだから、彼ら…。

12. Leel'ee wal bbeiggvq seil sso wal gv waq, bbisseeq wal gv,

ルグ　5　兄弟　(接2)　男　5　(人)　である　兄弟　5　(人)

ルグ５兄弟は、５人の男だ、兄弟５人。

13. Jiqmil chual meiheiq mil chee seil chual gv seiq, ng:,

キミ　6　姉妹　娘　これ　(接2)　6　(人)　(末3)　んー

キミ６姉妹は、この娘が６人だ。んー。

14. Chee wal gv nee wal gv dol heiq mei, a:,

これ　5　(人)　(構1)　5　(人)　結婚する　(態1)　(末2)　あー

これが、５人が５人と結ばれることになったのだ。あー。

15. Wal gv nee wal gv dol seil, leijuq mil ddee gvl lei hal mei,

5　(人)　(構1)　5　(人)　結婚する　(接2)　他に　娘　1　(人)　(副6)　余る　(末2)

el yi,

(副2)　(末8)

５人が５人と結ばれたら、あと、娘一人が余る。だろ？

16. Nal, chee wal gv dol, ei:,

(接1)　これ　5　(人)　結婚する　えー

しかし、このー。５人が結びつくのは、えー、

17. Chee seil jjai me ddu bbei ssei kuaq chee zhu seiq,

これ (接2) (接5) (副1) 許される する なんと 悪い これ [種] (末3)

これはとても許されないことをした。なんと悪い類のことで、

18. Ddeemerq me ddu bbei ddee jjiq bbei moq,

1-(少量) (副1) 許される する 1 家 成す (末1)

ちょっと許されないやり方で、一家になったのだ。

19. Tee jjai miu[3] gol diu ddiuq gol diu seiq mei,

それ (接5) 天 (構2) 叩く 地 (構2) 叩く (態1) (末2)

それで、天を怒らせ地を怒らせたのだよ。

20. Miu cherl ddiuq cherl pil tv mei, a:,

天 穢す 地 穢す (態4) 出る (末2) あー

天を汚し地を汚してしまったのだよ。あー。

21. Cheebbei pil seil teeggoq, teeggeeq teiq bbei xe,

これ-(構5) (態4) (接2) それ-後 彼-(複) (副7) する (末3)

こうしてその後…。彼らは(過ちを)犯してしまった。

22. Eil, Jiqmil chual meiheiq jilji gge mil gge milji chee gvl

え キミ 6 姉妹 小さい-(重) (構4) 娘 (構4) 娘-小さい これ (人)

seil, shuqgv me zzeeq pil seil miugv shuq hee moq,

(接2) 探す-(尾2) (副1) ある (態4) (接2) 天-(尾2) 探す 行った (末1)

え、キミ6姉妹の一番小さい(娘)。娘の。この小さい娘は、探すすべがないから、天上へ探しに行ったな。

---

3. 大研鎮での発音は、mee。

23. Miugv shuq hee seil miugv nee ddee gvl nee xail keel mvq
天-(尾2) 探す 行った (接2) 天-(尾2) (構3) 1 (人) (構1) 交合する 行った (末1)

maq, a:,
(末1) あー

天上に探しに行ったら、天上で一人と交合しに行ったな。あー。

24. Chee eyi gge, Coqssei'leel'ee chee seil, emei chee seil, eyi xi,
これ 今 (構4) ツォゼルグ これ (接2) 母 これ (接2) 今 人

shel xi me jjuq,
言う 人 (副1) いる

これ、今の…、ツォゼルグといえば、この母は、今の人は、語る人がいない。

25. Coqssei'leel'ee gge emei chee seil, Jiqmil chual meiheiq jilji
ツォゼルグ (構4) 母 これ (接2) キミ 6 姉妹 小さい-(重)

gge chee gvl gge sso seiq,
(構4) これ (人) (構4) 息子 (末3)

ツォゼルグのこの母は、(ツォゼルグは)キミ 6 姉妹の一番小さいこの(娘)の息子だ。

26. Tee gge ebba seil wumil waq, xi dal miugv xi waq,
それ (構4) 父 (接2) [無名] である 人 (副4) 天-(尾2) 人 である

その父は無名だ。(だが、その)人は天上の人だ。

27. A:, ebba nee miugv xi waq,
あー 父 (構1) 天-(尾2) 人 である

あー、父は天上の人だ。

28. Ei, chee gvl seil ddeemerq zazhu bie seiq ma, el yi,
え これ (人) (接2) 1-(少量) [雑種] …になる (態1) (末1) (副2) (末8)

え、この人は、ちょっと混血になったな。だろ？

29. Emei nvl a:, ddiuqloq xi, eba nvl miugv xi, a:,
母 (接7) あー 地-(尾3) 人 父 (接7) 天-(尾2) 人 あー

母は、あー、地上の人。父は、天上の人。あー。

30. Chee nvl zazhu ddee gvl waq,
これ (接7) [雑種] 1 (人) である

この人は、混血だ。

31. Ei, chee ddeemerq suiqbieil ddeemerq miu gge miugv gge qu
え これ 1-(少量) [随便][4] 1-(少量) 天 (構4) 天-(尾2) (構4) 種

waq seiq maq, el yi,
である (態1) (末1) (副2) (末8)

これはまあまあちょっと、天の、天上の種族になったのだ。だろ？

32. Chee gvl miu gge qu ddee waq nee mu gge,
これ (人) 天 (構4) 種 このような である (構3) 理由 (構4)

この人はこのような天の種族だから。

---

4. 漢語：いい加減に。適当に。

33. Qiqta gge chual gv gge sso chual gv mil chual gv chee ddee
［其他］（構4） 6 （人）（構4）男 6 （人）娘 6 （人）これ 1

jjiq bbei chee seil, chee me shuliq seiq,
家 成す これ （接2） これ （副1）［順利］[5] （態1）

ほかの6人の、男6人娘6人が一緒になったのは、これは不吉ということになった[6]**。**

34. Me ddu waq bbei sei mei waq,
（副1）許される である する （態1）（末2）である

許されないことをしたのだ。

35. Chee seil Rheelaq'epv[7] nee seil, a'ei, ai'ei:, jjiq dder miugv lal
これ （接2） ジラ-長老 （構1）（接2） あえ あえー 水 濁る 天-(尾2) 打つ

niq seiq, el waq,
（助4） （態1）（副2）である

これで、ジラアプは、あえ、あえー、洪水を起こさなければならなくなった。だろ？

36. Cheebbei jai neiq moq, e:,
これ-(構5) ［講］[8]（態3） （末1）あー

こう言っているんだ。あー。

---

5. 漢語：順調である。
6. 本当は5人のはずであるが、ここではそのまま記述しておく。
7. 白地方言では、epvは「祖父」の意味であるが、大研鎮方言では「祖先」の意味である。ここでは固有名詞の一部に含めて訳す。また、経典のテクストでは、この部分の主語は、「ムルドゥアプ」という別の神である。
8. 漢語：語る。

37. Chee, sso chee sseil jjai, jushee Coqssei'leel'ee jjai emei chee nee
これ 息子 これ (接2) (接5) [就是][9] ツォゼルグ (接5) 母 これ (構1)

jilji gge chee gvl, ebba nee ddee, ddeemerq ggv neeq gge sso
小さい-(重) (構4) これ (人) 父 (構1) 1 1-(少量) 良い (態3) (構4) 息子

ddee gvl waq,
1 (人) である

これ、この息子は…、ツォゼルグは、その母が一番小さいこの人。父がちょっと良い(その)息子だ。

38. Ei, chee gvl la ddeeq seiq,
え これ (人) (副3) 大きい (態1)

え、この人も成長した。

39. Ei, chee miu gge qu ddee waq, miu gge,
え これ 天 (構4) 種 このような である 天 (構4)

え、これはこのような天の種だ、天の。

40. Neeq cheeggee lu shel neiq maq,
お前 これ-(辺り) 来い 言う (態3) (末1)

「お前こっちに来い」と言っているのだ。

41. Rheelaq'epv nee cheeggee lu,
ジラ-長老 (構1) これ-(辺り) 来い

ジラアプが、「ここに来い」。

9. 漢語：すなわち。

42. Neeq leel seil, neeq gge ggvzzeiq ga gge, ai lerl ga gge, e:,

お前 (接4) (接2) お前 (構4) 物 良い (構4) 穀物 種 良い (構4) あー

ceecaiq[10] gge, ddeehebbei,

家畜 (構4) 全部

「お前は、お前の良い物、良い穀物の種、あー、家畜の、全て…」

43. Yegoq nee, yegoq leiwul tv pil seil, bberq ddee pul kol,

家 (構3) 家 戻る 着く (態4) (接2) ヤク 1 (頭) つぶす

「家に、家に帰ったら、ヤク一頭をつぶしなさい。」

44. Bberq ddee pul kol pil seil, bberq, bberq ee nee seil, cheebbei

ヤク 1 (頭) つぶす (態4) (接2) ヤク ヤク 皮 (構3) (接2) これ-(構5)

rherddvq bbei daiq,

湿った-皮袋 (構5) 引っ張る

「ヤク一頭をつぶしたら、ヤク、ヤクの皮で、このように湿った皮袋のように張って(張って湿った皮袋を作り)、」

45. Rherddvq bbei daiq seil, neeq ddeehebbei kvqjuq eq zee[11] naiq,

湿った-皮袋 (構5) 引っ張る (接2) お前 全部 中-(方向) (副8) 置く (助4)

e:,

あー

「張って湿った皮袋を作ったら、お前は全部中に置かなければならない。」あー、

10. 大研鎮での発音は、ceesaiq。
11. 大研鎮での発音は、ji。

46. Cheebbei pil seil shuashuaq gge rhuqgv,[12] miu gge, eyi xulzzerq
これ-(構5) (態4) (接2) 高い-(重) (構4) 山-(尾2) 天 (構4) 今 コノテガシワ-木

negge leelzzerq gu derl bil ner seiq,
(接6) モミ-木 頭 結ぶ (態4) (助4) (態1)

「こうしたら、とても高い山の上の、天の、今、コノテガシワの木とモミの木のてっぺんに、結ばなければならない。」

47. E:, tee chee hual leel tee, siul naiq'vf seiq maf,
あー 彼 これ (群) (接4) それ 殺す …したい (態1) (末1)

あー、(ツォゼルグ以外の)あの連中はといえば、殺したいんだな。

48. Chee, bbuq ddee mei kol zherq,
これ 豚 1 (頭) つぶす (助6)

彼らには、豚を1頭つぶさせて、

49. Ei, bbuq ee rherddvqloq keel, kuaq gge chee ddeehebbei
え 豚 皮 湿った-皮袋-(尾4) 入れる 悪い (構4) これ 全部

ddeewul eq keel seil, teeggeeq meeltai dal der zherq,
一緒に (副8) 入れる (接2) 彼-(複) 下-底 (副4) 結ぶ (助6)

え、豚の湿った皮袋に入れて、悪いのは一緒に全部入れて、彼らには下に結ばせた。

50. Toq negge bbiqkaggee[13] dal der zherq maf,
松 (接6) 栗-(間) (副4) 結ぶ (助6) (末1)

松と栗の間に結ばせたな。

---

12. 大研鎮での発音では、山は jjuq。
13. 大研鎮での発音では、栗は bbeeq。

51. Ei, toq ne bbiq seil meeltai jjuq mvq, ye,

え　松（接6）栗（接2）下-底　ある（末1）（末9）

え、松と栗は下にあるな。

52. Jjiq dder gge ddee zherl chee, miu shee maq, el yi,

水　濁る（構4）1　ひたる　これ　つかる　死ぬ（末1）（副2）（末8）

え、洪水がちょっと浸れば、溺れ死ぬよな。だろ？

53. Coqssei'leel'ee chee seil gupal gupal derq muq ye chee, chee

ツォゼッルグ　これ（接2）頭-(方向)　頭-(方向)　結ぶ（末1）（末9）これ　これ

shee me zo ye maf el yi,

死ぬ（副1）（末6）（末9）（末1）（副2）（末8）

ツォゼルグは、ずっとてっぺんのところに結んでいるから、これは死なないはずだな。だろ？

54. Ei, chee gvl lei hal ye maf, a:,

え　これ（人）（副6）残る（末9）（末1）あー

え、この人は生き残るよな。あー。

55. Ei, Coqssei'leel'ee chee, eyi ddiuqloq xi shee seil, Coqssei'leel'ee

え　ツォゼルグ　これ　今　地-(尾3)　人　死ぬ（接2）　ツォゼルグ

gge ebba Coqssei'leel'ee emei chee nvl shel xi me jjuq,

（構4）父　ツォゼルグ　母　これ（接7）言う　人（副1）いる

え、ツォゼルグは、今、地上の人が死んで、ツォゼルグの父、ツォゼルグのこの母(について)は、言う人がいない。

56. Lijai la me jjuq, me see moq, e:,

[麗江] (副3) (副1) いる (副1) 知る (末1) あー

麗江にもいない。知らないよ。あー。

57. Nal Coqssei'leel'ee chee seil Jiqmil chual meiheiq gge jilji gge

(接1) ツォゼルグ これ (接2) キミ 6 姉妹 (構4) 小さい-(重) (構4)

milmail miugv ggaihee neiq chee gvl gge sso seiq,

娘-(後) 天-(尾2) 遊ぶ (態3) これ (人) (構4) 息子 (末3)

しかし、ツォゼルグは、キミ6姉妹の、一番小さい末っ子、天上で遊んだこの人の息子だ。

58. Qiqtal chual gv seil tafggeeq tafggeeq ddee jjiq bbei maf,

[其他] 6 (人) (接2) 彼-(複) 彼-(複) 1 家 成す (末1)

他の6人は、それぞれ一家を成したな。

59. Chee gvl seil dal zzee me jjuq maf, jil chee gvl,

これ (人) (接2) 一緒になる 友 (副1) ある (末1) 小さい これ (人)

この人は、一緒になる相手がなかったな。この末っ子は。

60. Chee seil chee gvl miugv hee seil, miugv ddee gvl gol ggaihee

これ (接2) これ (人) 天-(尾2) 行った (接2) 天-(尾2) 1 (人) (構2) 遊ぶ

pil seil jjai, Coqssei'leel'ee chee miu gge sso waq,

(態4) (接2) (接5) ツォゼルグ これ 天 (構4) 息子 である

この末っ子は、天上に行くと、天上で、ある人と遊んだから、ツォゼルグは天の息子だ。

61. Nal ebba nee wuqmiq ye, emei nee chee gvl waq, a:,
（接1） 父 （構1） ［無名］ （末9） 母 （構1） これ （人） である あー

しかし、父は無名だ。母はこの人だ。あー。

62. Tei gge see jjai, mailjuq leel seil, Coqssei'leel'ee, chee hual leel
それ （構4） 先に （接5） 後-(方向) （接4） （接2） ツォゼルグ これ （群） （接4）

me jjuq pil seil,
（副1） ある （態4） （接2）

その先には…、後には、ツォゼルグは、（ツォゼルグ以外の）連中がいなくなると、

63. Jjiqloq nee miu shee seiq, el yi, me jjuq seiq maq,
水-(尾3) （構1） つかる 死ぬ （態1） （副2） （末8） （副1） いる （態1） （末1）

水の中で溺れ死んだな。だろ？いなくなったな。

64. Me jjuq pil seil ddiuqloq chee Coqssei'leel'ee lei cvq pil seil xi
（副1） いる （態4） （接2） 地-(尾3) これ ツォゼルグ （副6） ［除］ （態4） （接2） 人

ddee gvl la me jjuq sei mei waq,
1 （人） （副3） （副1） いる （態1） （末2） である

いなくなると、地上には、ツォゼルグを除いて、一人もいなくなったんだな。

65. Chee gvl eq ziul maf, a:,
これ （人） （副8） 残す （末1） あー

この人を残したんだな。あー。

66. Miugv pvlaq nee chee gvl eq ziul maq, chee gvl me siul maf,

天-(尾2) 神 (構1) これ (人) (副8) 残す (末1) これ (人) (副1) 殺す (末1)

天の神が、この人を残したんだな。この人を殺さなかったな。

67. Chee miu gge qu waq, ei, chee eq ziul maq,

これ 天 (構4) 種 である え これ (副8) 残す (末1)

彼は天の種族だな。え、これを残したんだな。

68. Ei, chee ddee ni ggv ceeq seil, chee bbvqcheeni bbei ddee

え これ 1 (日) …になる (来る) (接2) これ 毎-これ-(日) (構5) 1

ddiuq bbei ggaihee ddee ddiuq bbei gueq,

場所 (構5) 遊ぶ 1 場所 (構5) ぶらつく

え、これで、ある日になると、(ツォゼルグは)毎日、ある場所で遊び、ある場所でぶらついた。

69. Cheebbei dal gueq seiq mei,

これ-(構5) (副4) ぶらつく (態1) (末2)

ただこうしてぶらついていたんだな。

70. Haiqshee mil ddee gvl la me ddoq ye moq e:,

[還是][14] 娘 1 (人) (副3) (副1) 会う (末9) (末1) あー

やっぱり1人の娘にも会わなかったよ。あー。

14. 漢語：やはり。

71. Ei, Ceilheeqbbobboqmil chee seil miugv miu gge mil seiq maf
え ツェフボボ-(娘) これ (接2) 天-(尾2) 天 (構4) 娘 (末3) (末1)

Rheelaq'epv gge mil maq, el yi,
ジラ-長老 (構4) 娘 (末1) (副2) (末8)

え、ツェフボボミは、天上の、天の娘だな、ジラアプの娘だな。だろ？

72. Nal chee gvl tee, eyi, Miuzzeika'la gol yel ye,
(接1) これ (人) それ 今 ムゼカラ (構2) 与える (末9)

しかし、この人は、今、ムゼカラに(嫁に)やった。

73. E:, nal Miuzzeika'la gol me pieq, mil chee gvl, Coqssei'leel'ee
あー (接1) ムゼカラ (構2) (副1) 好む 娘 これ (人) ツォゼルグ

gol pieq, e:,
(構2) 好む あー

あー、しかしムゼカラを好まず、この娘はツォゼルグを好んだ。あー。

74. Tee seil cheeni bbei, chee gvl ni naiqme'vq[15] pil chee meeltai
それ (接2) これ-(日) (構5) これ (人) したがる (副1)-したがる (態4) これ 下-底

ddiuqloq dal lei shuq ceeq,
地-(尾3) (副4) (副6) 訪ねる 来た

それで、この日、この人は嫌がって、下の、まさに地上に訪ねて来た。

75. Coqssei'leel'ee dal shuq,
ツォゼルグ (副4) 訪ねる

ツォゼルグだけを訪ねて。

---

15. naiq'vq(望む)に否定のme(副1)が入り込んだ形式。

76. Ei, ddee ni ggv seil cheebbei zhualzhua bil ddilyif ddee dol
え 1 (日) …になる (接2) これ-(構5) [転転] (態4) [第一] 1 (回)

gobvl la ni gvl bbei me jaijul seiq maf,
出会う (副3) 2 (人) (副5) (副1) 話す (末3) (末1)

え、ある日になって、このように行ったり来たりして、まず一回出会っても、(最初だから)二人ともしゃべらなかったな。

77. Haiqshee cheelka bbei gueq seiq meif,
[還是] 食い違う (構5) ぶらつく (態1) (末2)

やはりうまく会わずに、ぶらついていた。

78. Gueqgueq pil seil gueq sei pil seif, ni dol, chee sseeq seil
ぶらつく-(重) (態4) (接2) ぶらつく (態1) (態4) (接2) 2 (回) これ (回) (接2)

elnigvl ni zhua ggv seiq,
我々-2-(人) 2 [転] …になる (態1)

ぶらついていると、ぶらついてくると、2回、今回我々二人は(出会うのが) 2回になった。

79. Cheeweil nee gobvl gge ni zhua ggv seiq,
これ-(位置) (構3) 出会う (構4) 2 [転] …になる (態1)

ここで出会ったのが2回になった。

80. Nal cheeloq seil, seiqka ddee zzerq zzeeq,
(接1) これ-(尾3) (接2) 梅 1 (本) 生える

しかし、ここには、梅が一本生えている。

81. Cheekaq seil seiqka chee zzerq seil bbaq lei ggeq neiq seiq,

これ-(時) (接2) 梅 これ (本) (接2) 花 (副6) 落ちる (態3) (態1)

今は、この梅は、花が落ちている。

82. A:, bbabbaq sei seiq,

あー 咲く-(重) 終わる (態1)

あー、花が咲き終わった。

83. Chee elnigvl chee, mail chee dol ddee jjiq bbei bbee, tal me

これ 我々-2-(人) これ 後 これ (回) 1 家 成す (態2) (助2) (副1)

tal seil zzerq chee zzerq nee ddee, bbuqdiul shel zherq bbee, a:,

(助2) (接2) 木 これ (本) (構3) 1 外 言う (助6) (態2) あー

これが、我々二人は、次の一回で一家になろう。(それが)良いかどうかは、この木に言わせる。あー。

84. Seiqka chee zzerq tee eyi bbaq ggeq seiq, nal leijuq ddee dol

梅 これ (本) それ 今 花 落ちる (態1) (接1) 再び 1 (回)

bbaq,

咲く

この梅は、今は花が落ちている。しかし、もう一回咲けば、

85. Leijuq ddee dol leel bbaq tv lee seil elnigvl ddee jjiq bbei tal

再び 1 (回) (接4) 咲く 出る 来る (接2) 我々-2-(人) 1 家 成す (助2)

seiq,

(態1)

もう一回咲いたならば、我々二人は一家になってよいということになる。

86. Bbaq leel bbaq me tv seil jjai ddee jjiq me bie seiq,

花 （接4） （花） （副1） 出る （接2） （接5） 1 家 （副1） 成る （態1）

もう一回花が咲かなければ、一家にはなれないということになる。

87. Chee, ni gvl bbei lei zhual bul, leijuq, cheeweil lei tv seil

これ 2 （人） （副5） （副6） ［転］ （構6） 再び これ-（位置） （副6） 着く （接2）

seiqka chee zzerq tee, leijuq ddee dol teiq lei bbaq maf, a:,

梅 これ （本） それ 再び 1 （回） （副7） （副6） 咲く （末1） あー

これで、二人がまたぶらついて、再びここに着いたところ、この梅の木が、もう一度咲いたのだよ。あー。

88. Chee seil tal sei, chee ddee dol eq bbaq seiq maq, elnigvl ddee

これ （接2） （助2） （態1） これ 1 （回） （副8） 咲く （態1） （末1） 我々-2-（人） 1

jjiq bbei,

家 成す

これなら良い。これ、一回咲いたのだよ。我々二人は一家になる。

89. Ei, zzerq chee zzerq nee gaishai yel neiq moq, chee ni gvl

え 木 これ （本） （構1） ［介紹］[16] （与える） （末4） （末1） これ 2 （人）

leel, a:, seiqka chee zzerq,

（接4） あー 梅 これ （本）

え、この木が仲を取り持ったのだよ。この二人は。あー、この梅の木が。

---

16. 漢語：紹介する。

90. Seiqka luamoq, perq nal lee gaizhu, seiqka luamoq bbaq, hol hei

梅　ルァモ　白　黒　地　接する所　梅　ルァモ　花　8　(月)

ni jju bbaq shel maf ye, a:,

2　(回)　花　言う　(末1)　(末9)　あー

ルァモの梅、白と黒の地の接する所、ルァモの梅の花、8ヶ月に2回咲く、と言うよ。あー。

91. Chee seiqka tee ni dol bbaq lei ceeq, chee seil chee gvl gol nee

これ　梅　それ　2　(回)　咲く　(副3)　来た　これ　(接2)　これ　(個)　(構2)　(構3)

ceeq mei, a:, ni dol bbaq chee,

来た　(末2)　あー　2　(回)　咲く　これ

この、梅が2回咲くというのは、これから来たんだ。あー、2回咲くというのは。

92. A:, elggeeq xi gge bbeicheeqsseeq gge yei, eqbbeisherlbbei seil

あー　我-(複)　人　(構4)　人類　(構4)　(末7)　昔　(接2)

ni lei quq shel mei seiq, chee zhua,

求める　(副6)　求める　言う　(末2)　(末3)　これ　[種]

あー、我々人間の、人類の、昔々と言えば、求めあう(結婚)と言うのだ。この種の。

93. Ni lei quq zzeeq chee la haiqshee cheeweil nee ceeq, e:,

求める　(副6)　求める　婚姻　これ　(副3)　[還是]　これ-(位置)　(構3)　来た　あー

求め合う結婚というのも、やはりここから来た。あー。

94. Wejuqwe piepieq gge ddee jjiq bbei seiq maq,

自分　好む-(重)　(構4)　1　家　成す　(態1)　(末1)

自分が好きなのが、一家になるのだな。

95. Eqbbeisherlbbei seil ddeehebbei bobal maq, el ei,

昔　(接2)　全部　[包辦][17]　(末1)　(副2)　(末8)

昔は、みんな親が取り決める結婚だな。だろ？

96. Neeq la nge dol pieq, ngeq la neeq dol pieq yel piepieq gge

お前　(副3)　私　(構2)　好む　私　(副3)　お前　(構2)　好む　(末9)　好む-(重)　(構4)

chee zhua seil ni lei quq shel seiq moq,

これ　[種]　(接2)　求める　(副6)　求める　言う　(末3)　(末1)

お前も私を好きだ、私もお前を好きだというような、愛し合うこういうのが、求め合う(結婚)というのだな。

97. Ei, seiqka chee zzerq nee gaishai yel ei:, chee ni gvl ddee jjiq

え　梅　これ　(本)　(構1)　[介紹]　(与える)　えー　これ　2　(人)　1　家

bbei zherq, e:,

成す　(助6)　あー

えー、この梅の木の取り持ちで、この二人を一家にさせた。あー。

98. Ddee jjiq bbei bbee, ni gvl bbei shvlshv bul ggeq hee,

1　家　成る　(態2)　2　(人)　(副5)　連れる-(重)　(構6)　上　行った

一家になる(ということで)、二人で連れ立って上に行く。

---

17. 漢語：親の取り決めた結婚。“包辦婚姻”。

99. Ggeq hee seil, mil chee gvl chee sso chee gvl gol jjaif pieq mei,
上 行った (接2) 娘 これ (人) これ 男 これ (人) (構2) とても 好む (末2)

上に行くと、この娘はこの男がとても好きだな。

100. Ei, me nua gv nieq ga ye, ddee mei gv ei, chee bieil
え (副1) 気づく (尾2) …の間に 鶴 (末9) 1 (羽) (尾2) え これ [変]

ddeemerq Coqssei'leel'ee nee ddeemerq bieil bbei jil bbei bieil
1-(少量) ツォゼルグ (構1) 1-(少量) [変] する 小さい (構5) [変]

pil seil ga ddee mei gge cheeweil eq ggaiq shel maf,
(態4) (接2) 鶴 1 (羽) (構4) これ-(位置) (副8) 挟む 言う (末1)

え、気づかない間に、一羽の鶴の、えー、これをちょっと、ツォゼルグをちょっと小さくして、鶴のここ(腋の下)に挟んだと言うんだな。

101. Cheebbei ggaiq bul miugv miu ddo hee,
これ-(構5) 挟む (構6) 天-(尾2) 天 上る 行った

このように挟んで、天上に上って行った。

102. Ei, Rheelaq'epv gge yegoq tv pil seif, mil chee nee teiq ggv
え ジラ-長老 (構4) 家 着く (態4) (接2) 娘 これ (構1) (副7) 隠す

moq, teiq ggv,
(末1) (副7) 隠す

え、ジラアプの家に着くと、この娘が隠したんだな。隠した。

103. Ngvq nei haiq kel ddeeliuloq, bbvq lvl shel neiq moq,
銀 (接6) 金 かご 1-(個)-(尾3) 下 被せる 言う (態3) (末1)

銀と金の籠の中に、被せたと言うんだな。

104. Ei, taf nee seiqbbei shel, ai’ei:, Rheelaq’epv chee nee, taf tee

え 彼 (構1) どう-(構5) 言う あえー ジラ-長老 これ (構1) 彼の家 それ

bbu[18] la rherq zeel wei,

羊 (副3) 驚く (末5) (末7)

え、彼がどのように言っているか、あえー、ジラアプは、彼の家では羊が驚く、と言うんだな。

105. Bbu seil yuq shel neiq maq, el ei,

羊 (接2) 羊 言う (態3) (末1) (副2) (末8)

ブ(羊)ってのは羊を言うんだな。だろ？

106. Meekvl leel ggv seil bbu rherq, a:,

夜 (接4) …になる (接2) 羊 驚く あー

夜になると羊が驚く。あー。

107. Kee lvq,

犬 吠える

犬が吠える。

108. Kee chee seiqbbei lvq,

犬 これ どう-(構5) 吠える

犬はどうほえるか？

109. Ddeenibbei kvqjuq nee bbuqjuq dal lvq,

1-(日)-(構5) 中-(方向) (構3) 外-(方向) (副4) 吠える

一日中、中から外に向かって吠える。

---

18. 次の文でも述べられるように、現在の口語では yuq が一般的な単語である。

110. Bbuqdiul nee kvqjuq dal lvq, bbuqdiul jjuq nvl seil yei kvqjuq
外-(方向) (構3) 中-(方向) (副4) 吠える 外-(方向) いる (接7) (接2) (末7) 中-(方向)

dal lvq,
(副4) 吠える

外から中に向かって吠える、外にいると中に向かって吠える。

111. xi chee gvl kvqjuq eq nai seiq maq, a:,
人 これ (人) 中-(方向) (副8) 隠れる (態1) (末1) あー

この人は中に隠れただろ。あー。

112. Ei:, yuq chee mei seil leijuq goq nee bbuqdiul nee hiul seil
えー 羊 これ (頭) (接2) 今度は 中 (構3) 外-(方向) (構3) 立つ (接2)

nilmer nee ggeq zeezeeq bbei seil goq nee kvqjuqgoq ddee
鼻 (構3) 上 持ちあげる-(重) (構5) (接2) 中 (構3) 中-(方向)-中 1

nvq neiq eil rherq, shel, rherq,
嗅ぐ (態3) え 驚く 言う 驚く

えー、この羊は、それから中に…、外に立つと、鼻をもたげて、中に、中に向かってちょっと匂いを嗅いで、驚くと言うんだな、驚く。

113. Chee Rheelaq'epv chee nee ddee siuq ddee ggv cheeweil jjuq
これ ジラ-長老 これ (構1) 1 (種) 1 (人) これ-(位置) いる

seiq, siul bbee shel neiq ye,
(態1) 殺す (態2) 言う (態3) (末9)

これで、ジラアプは、何かがここにいる、殺すんだと言って、

114. Ddeenibbei ggaiq si[19] shel maq, ggaiq si, ggaiq si ggaiq caq,

1-(日)-(構5)　長刀　磨ぐ　言う　(末1)　長刀　磨ぐ　長刀　磨ぐ　長刀　[擦]

一日中、刀を磨ぐと言うんだな。刀を磨いで、刀を磨いだり擦ったり、

115. A:, ggaiq si ggaiq caq pil seil, mil chee nee chee gol milddo,

あー　長刀　磨ぐ　長刀　[擦] (態4) (接2)　娘　これ　(構1)　これ　(構2)　問う

あー、刀を磨ぐと、この娘がこれに問うた。

116. Epv, wel, ggaiq si ezeebbei dal si, ggaiq caq ezeebbei dal caq,

お爺様　あなた　長刀　磨ぐ　何-(構5)　(副4)　磨ぐ　長刀　[擦]　何-(構5)　(副4) [擦]

お爺様、あなたは、刀を磨ぐのはどうして磨ぐのです？ 刀を擦るのはどうして擦るのです？

117. Ggaiq si nee, wel, bbu lei derl la bbu rherq chv lullu, bbiuq

長刀　磨ぐ　(構1)　あなた　羊　(構9)　夜　(副3)　羊　驚く　ずっと　震える　外

nee kvq lei liuq bbei dal rherq ye,

(構3)　中　(副6)　見る　(構5)　(副4)　驚く　(末9)

刀を磨ぐのは、あなた、羊は、夜になると羊は驚いてずっと震え、外から中を見て驚く。

118. Soq bbukee pai, bbu lvq cheegolgo nvl, kuq nee, bbiuq nee kvq lei liuq bbei dal lvq neiq moq,

朝　羊-犬　結ぶ　羊　鳴く　(鳴く様子)　(接7)　中　(構3)　外　(構3)　中

(副6)　見る　(構5) (副4)　鳴く　(態3)　(末1)

朝、牧羊犬を結ぶ。羊が鳴き続ける。中に…、外から中を見て鳴いているのだな。

---

19. 大研鎮での発音は、seel。

119. Chee zeeggeeqnee seil ggaiq si nvl cheebbei si, ggaiq caq nvl
これ 理由-(構3) (接2) 長刀 磨ぐ (接7) これ-(態5) 磨ぐ 長刀 [擦] (接7)

cheebbei caq, ei, cheebbei bbei bbee shel maf ye,
これ-(態5) [擦] え これ-(構5) する (態2) 言う (末1) (末9)

これだから、刀を磨ぐのはこのように。刀を擦るのはこのように擦る。え、こうするのだと言うんだな。

120. Eil, mil chee nee shel seil, e'ei:, chee gvl seil me waq seiq,
え 娘 これ (構1) 言う (接2) あえー これ (人) (接2) (副1) である (態1)

え、この娘が言うのは、あえー、この人は違いますよ。

121. Sso ee laqmei ddeeq, sso pv cerl me tal ddee gvl waq, ng:,
男 良い 親指 大きい 男 価値 壊す (副1) (助2) 1 (人) である んー

親指の大きい良い男。価値のある、害してはいけない男です。んー。

122. Chee seil me kel[20] wuq me puq, kel lei wuq puq ddee gvl
これ (接2) (副1) すごい 使用人 (副1) 逃げる すごい (構9) 使用人 逃げる 1 (人)

waq moq,
である (末1)

これは、(主人が)すごくなければ使用人は逃げず、すごければ使用人は逃げる、そのような男です。

123. Ei, jjaif xi rvq gge ei, xi ga ddee gvl waq,
え とても 人 良い (構4) え 人 良い 1 (人) である

え、とても良い、人のいい男です。

20. kel を「健康だ」とする解釈もある。

124. Chee eggeeq yegoq, miu leel tv leel jjai, haliu ci ezee ni bbei
これ 我-(複) 家 天 (接4) 出る (接4) (接5) 穀物 見張る 何 要る する

zherq bbee,
(助6) (態2)

これは、我々の家で、天が晴れれば、穀物を見張ったり、いろいろ必要なことをさせます。

125. Miu zza lei leel seil, jjiq shu zherq kail bbaiq zherq kai shul
天 曇り (副6) (接4) (接2) 水 引く (助6) 溝 通す (助6) 溝 引く

zherq, chee zhua bbei bbee,
(助6) これ [種] する (態2)

天が曇れば、水を引かせたり、溝を通させたり、溝に水を引かせたり、こういうことをさせます。

126. Chee seil, epv chee la, ng:, chee leel waq seil, ddeemerq,
これ (接2) 長老 これ (副3) んー これ (接4) である (接2) 1-(少量)

suiqbieil ddeemerq ggee heiq maq,
[随便] 1-(少量) 信じる (態1) (末1)

こうすると、この長老も、んー、これであるならば、まあまあ少し信じたのだな。

127. Ei, ggee seil, ng:, chee leel waq seil, neeq mailtoq ggaiq tal

え 信じる （接2） んー これ （接4） である （接2） お前 後-(後) 長刀 鋭い

leizzeeqgv nee shv, shv bul lu ner,

梯子-(尾2) （構3） 連れる 連れる （構6） 来い （助4）

え、信じると、んー、これならば、お前、後ろの鋭い刀の梯子の所から連れて来なさい。

128. Sseisseiq gge serltei nilni gge ggaiq tal el yi, rertei, rertei

鋭い （構4） 剃刀 同じ （構4） 長刀 鋭い （副2） （末8） ナイフ ナイフ

gge leizzeeq, e:,

（構4） 梯子 あー

鋭い剃刀のような鋭い刀。だろ？ナイフ、ナイフの梯子。あー。

129. Cheegol nee shv lee dder,

これ-(中) （構3） 連れる 来る （助3）

この中から連れて来なければいけない。

130. Cheeweil seil eggeeq kee chee eq ba seil ddeekaq nee kee herl,

これ-(位置) （接2） 我-(複) 足 これ （副8） つく （接2） 1-(時) （構3） 足 切る

shai bbvq zo neeq, rertei nee rertei, ggaiq tal,

血 出る （末6） （末4） ナイフ （末4） ナイフ 長刀 鋭い

ここは、我々の足がついたならば、あっという間に、足が切れて血が出る。ナイフ、ナイフ、するどい刀。

131. Ei, cheeweil nee shv bul lee, weilti leel me jju seil chee xi

え　これ-(位置)　(構3)　連れる　(構6)　来る　[問題]　(接4)　(副1)　ある　(接2)　これ　人

rua ddee gvl waq seiq,

すごい　1　(人)　である　(態1)

え、ここから連れて来て、問題がないならば、これはすごい人だ。

132. E:, chee, mil chee tee bailfa jjuq maq,

あー　これ　娘　これ　それ　[辦法][21]　ある　(末1)

あー、これ、この娘は、方法があるんだな。

133. Mil chee tee chee gol pieq yel chee nee bailfa zeiq,

娘　これ　それ　彼　(構2)　好む　(接5)　これ　(構1)　[辦法]　使う

この娘は彼が好きだから、方法を使う。

134. Ei, chee nee hua pil seil, ggaiq tal go nee, ggaiq tal

え　これ　(構1)　呪文を唱える　(態4)　(接2)　長刀　鋭い　上　(構3)　長刀　鋭い

leizzeeqgol nee chel bul ddee ba ddee ba chel pul,

梯子-(上)　(構3)　踏む　(構6)　1　[把]　1　[把]　踏む　(構6)

え、彼女は呪文を唱えて、鋭い刀の上を、鋭い刀の梯子の上を一歩一歩踏んで、

135. Kvqjuq ba la, kvqjuq ba pil seil, Rheelaq'epv nee laq liuq,

中-(方向)　着く　(副3)　中-(方向)　着く　(態4)　(接2)　ジラ-長老　(構1)　手　見る

中に着いても、中に着くと、ジラアプが手を見る。

---

21. 漢語：方法。

136. Laq la ddeemerq ggaiq ree me jju,

手（副3） 1-(少量)　長刀　道（副1）ある

手にはちょっとの刀の跡もない。

137. Kee gol lei liuq la kee la haiqsheel, ggaiq ree me jjuq mei,

足（構2）(副6) 見る（副3）足（副3）［還是］　長刀　道（副1）ある（末2）

足を見ても、足にもやはり、刀の跡はないな。

138. Ei:, chee seil ddeemerq tal gge ddee gvl waq keel moq, ei,

えー　これ（接2）　1-(少量) すごい（構4）1　（人）である たぶん（末1）え

え、これならば、ちょっとすごい奴かも知れないな。え。

139. Tee seil lei tee lee zherq,

それ（接2）(副6) 彼　来る（助6）

そうして、彼を来させた。

140. Tee bbei seil Rheelaq'epv, neeq[22] gge mil tee ngeq gol ddee yel

それ　する（接2）　ジラ-長老　あなた（構4）娘　それ　私（構2）1　与える

neiq yel, shel keel ye moq,

（末4）(副9) 言う　行った（末9）(末1)

そうすると、ジラアプ、あなたの娘を私に下さい、と言ってやったな。

141. Yel muq la yel tal moq,

与える（末1）(副3) 与える（助2）(末1)

与えてくれと言うなら与えてもいいぞ。

22. 大研鎮での二人称における neeq は、自分より目下の者に対する言い方であるが、白地の方言では、neeq は目上・目下の区別なく二人称に使われる。

142. Yel tal nal neeq, ddaiq bbei ggv xiq ddee cerl bbei,

与える (助2) (接1) お前 有能だ (構5) 9 焼畑の山 1 切る する

------------- la dder seiq,

(副3) (助3) (態1)

与えてもよいが、お前、有能に9つの焼畑の山(の木)を全部切って[23]、----------しなければならないのだ。

143. Ggv xiq ddee bber bbei, e:,

9 焼畑の山 1 焼く する あー

九つの焼畑の山を全部焼きなさい。あー。

144. Lerl pvl lerl lei seel bbei,

種 蒔く 種 (副6) 拾う する

種を蒔いたら今度は種を拾いなさい。

145. Chee zhu bbei chee dol kaq seiq maf el yi,

これ (種) (構5) これ (構2) [考][24] (態1) (末2) (副2) (末8)

このようにこれを試したんだな。だろ？

146. Nal chee nee seil, bbeibbei ggv ba shuq, ggv ba,

(接1) これ (構1) (接2) 斧-(重) 9 ([把][25]) 探す 9 ([把])

しかし、彼は、9本の斧を探した、9本。

23. ddee(1)は、副詞的に使われた場合、「ちょっと」の意味と「すべて」の意味がある。ここでは後者。
24. 漢語：試験をする。
25. 漢語：取っ手のあるものを数える量詞。

147. Bbeibbei ggv ba shuq seil ggv ba bbei ggv xiqgol eq ji
斧-(重) 9 ([把]) 探す (接2) 9 ([把]) (副5) 9 焼畑の山-(所) (副8) 置く

pil seil tee seil tei lei yil,
(態4) (接2) 彼 (接2) そこ (副6) 寝る

9本の斧を探すと、9本全てを9つの焼畑の山の辺りに置いて、そして彼はそこに寝た。

148. Ggv xiq bbei ddee cerl bbei cerl pil seil a:, mail tee soq lei
9 焼畑の山 (構5) 1 切る する 切る (態4) (接2) あー 後 それ 朝 (副6)

liuq seil ggvq xiq bbei eq cerl seiq, e:,
見る (接2) 9 焼畑の山 (構5) (副8) 切る (態1) あー

9つの焼畑の山全部が切られて、あー、次の朝に見ると、9つの焼畑の山は切ってあった。あー。

149. Ei, bber la heeq muq ei,
え 焼く (副3) 容易だ (末1) え

え、焼くのも容易だな。え。

150. E, ggv xiq ddee bber bbei, ggv xiq ddee pvl bbei,
あ 9 焼畑の山 1 焼く する 9 焼畑の山 1 蒔く する

あ、9つの焼畑の山を全部焼いて、9つの焼畑の山に全部蒔いて、

151. Pvl seiq mei, e, lerl lei seel bul lee ner shel seiq maf ye, e
蒔く（態1）（末2）あ 種（副6）拾う（構6）来る（助4）言う（態1）（末1）（末9）あ

lerl lei seel,
種（副6）拾う

蒔いたら、あ、種を拾って来いと言うんだな。あ、種を拾う。

152. Lerl lei seel bul ceeq mei, seel liu lei me aq shel maq, seel
種（副6）拾う（構6）来た（末2）3（粒）（構9）（副1）集まる 言う（末1）3

liu,
（粒）

種を拾って来たらな、3粒が集まらないと言うんだな。3粒。

153. lerl seel liu lei me aq, shel maq ye,
種 3（粒）（構9）（副1）集まる 言う（末1）（末9）

種3粒が集まらないと言うんだ。

154. Ei, cheeggvq seil ddee liu ddee ggee seil, e'ei:, eeheeq ler
え これら（接2）1（粒）1（半分）（接2）あぇー キジバト 砂嚢

nieq yi seiq,
（構3）ある（態1）

え、これらは、一粒と半分は、あぇー、キジバトの砂嚢に入っていた。

155. Ddee liu ddee ggee nee e, chual'wa teel nieq yi moq, el yi,
1（粒）1（半分）（構1）あ アリ 腰（構3）ある（末1）（副2）（末8）

一粒と半分は、あ、アリの腰に入っていたんだな。だろ？

156. Ei, seil, Coqssei'leel'ee chee, ser sheeq daqnaq ddee ba bul seil,
え （接2） ツォゼルグ これ 木材 黄 弩弓 1 ［把］ 持つ （接2）

luamuq chee mei kail naiq'vq seiq maq, kail,
鳥の一種 これ （羽） 射る …したい （態1） （末2） 射る

え、すると、ツォゼルグは、黄色い木の弩弓を持つと、狙って、この鳥を射ようとした。

157. Teiq lerller pil seil, lerl gvl kail me gvl maq,
（副7） 狙う-（重）（態4）（接2） 狙う （助1） 射る （副1）（助1）（末1）

狙ったが、狙うことはできても射れないのだな。

158. Daiq moq, keel me gvl ye maq, teiq daiq pil e,
引く （末1） 放つ （副1）（助1）（末9）（末1） （副7） 引く （態4） あ

（弓を）引いてな、放てないんだな、引いた。あ。

159. Teiq daiq pil seil, mil chee nee shu perq dailmei ddee ba nee
（副7） 引く （態4）（接2） 娘 これ （構1） 鉄 白 梭 1 ［把］（構3）

cheeweil ddee heel nee mei, el ei,
これ-（位置） 1 打つ （構8）（構7）（副2）（末8）

引くと、この娘が白い鉄の梭でここをちょっと打つ、だろ？

160. Chee bbvq lei heel seil, chee kail mai,
これ 発射する （副6） 行った （接2） これ 射る （助5）

これが放たれて、これが当たった。

161. Ddee liu nee ddee ggee nvl lei tv moq,

1 (粒) (接6) 1 (半分) (接7) (副6) 出る (末1)

一粒と半分は、見つかったな。

162. Nal ei, ddee liu ddee ggee seil yi, e:, chual'wa teel nieq yi

(接1) え 1 (粒) 1 (半分) (接2) (構10) あー アリ 腰 (構3) ある

moq,

(末1)

しかし、え、一粒と半分は、あー、アリの腰に入っているんだな。

163. Ei:, rua mai keeq, keeq ceeq ddee keeq bul seil, ei:, chual'wa

えー 馬 尾 糸 糸 細い 1 (本) 持つ (接2) えー アリ

teelbbiq gge ei, tee eq peel we shel seil,

腰-細い (構4) え それ (副8) 切る (末7) 言う (接2)

えー、馬の尾の糸、細い糸を一本持って、えー、アリの細い腰の、それを切ると言って、

164. Jushee, chee ni gvl nee chual'wa, rua mai keeq nee zee pil

[就是] これ 2 (人) (構1) アリ 馬 尾 糸 (構3) 締める (態4)

maq,

(末1)

この二人がアリを、馬の糸で締めたんだな。

165. Ei, haliu tee cheebbei lei tv mei,

え 穀物-(粒) それ これ-(構5) (副6) 出る (末2)

え、穀物の粒は、このように見つかったな。

166. Seel liu zzeeqpeil lei tv seiq mei,
3 （粒） 半分 （副6） 出る （態1） （末2）

3粒と半分が見つかったな。

167. Chee rheeq seil, mil sseeq jji[26] yel lu, ngvq haiq sal bbiu
これ （時） （接2） 娘 娶る 衣服 与える （命令） 銀 金 品物 分ける

lu shel ye, e:,
（命令） 言う （末9） あー。

この時に、嫁入りの衣装を与えてください、金銀の品物を分けてください、と言ったな。あー。

168. Tee, neeq nee ni mei nvl ye, neeq yel tal,
それ お前 （構1） 求める （構7） （接7） （末9） お前 与える （助2）

それは、お前が求めるものは、お前に与えてもよい。

169. Chee nvl ye neeq nee bbiu ddee seiq, e:, tal seiq,
これ （接7） （末9） お前 （構1） 分ける 得る （態1） あー （助2） （態1）

これは、お前は分け与えられるのだ。あー。よろしい。

170. Nal neeq leijuq, neeq ngeq gge mil leel ni seil, neeq leijuq, la
（接1） お前 再び お前 私 （構4） 娘 （接4） 求める （接2） お前 再び 虎

nil chuaq bul lu, e:,
乳 搾る （構6） 来い あー

しかしお前、今度は、お前が私の娘を求めるなら、お前、今度は、虎の乳を搾って来い。あー。

26. 主として経典に出現する語。この部分は経典の文句の引用である。

171. Ddaiq mei la nil chuaq bul lu,
有能な (構7) 虎 乳 搾る (構6) 来い

有能に虎の乳を搾って来い。

172. Ei, dilyi ddee sseeq seil jjai, mil chee gol me zzeeqgguei,[27]
え [第一] 1 (回) (接2) (接5) 娘 これ (構2) (副1) 相談する

え、最初の1回目は、この娘に相談しなかった。

173. Mil chee gol me zzeeqgguei pil seil wejuqwe hee seil, la ni
娘 これ (構2) (副1) 相談する (態4) (接2) 自分で 行った (接2) 虎 乳

chuaq hee seil, chuaq me mai,
搾る 行った (接2) 搾る (副1) (助5)

この娘に相談しないで、自分で行ったら、虎の乳を搾りに行ったが、搾れなかった。

174. Ai:, ddai ddvq gge nil ddeemerq chuaq bul ceeq,
あー 狐 山猫 (構4) 乳 1-(少量) 搾る (構6) 来た

あー、狐と山猫の乳をちょっと搾って来た。

175. Ei, Rheelaq'epv gol lei guq,
え ジラ-(祖父) (構2) (副6) 渡す

え、ジラアプに渡した。

176. Rheelaq'epv gol guq seil, Rheelaq'epv nee jjai no chee, ei,
ジラ-(祖父) (構2) 渡す (接2) ジラ-(祖父) (構1) (接5) 乳 これ (末8)

ジラアプに渡すと、ジラアプがこの乳を。だろ?

27. 大研鎮での発音は、zzeeqggue。

177. Zzeeq bberq gol zee la, zzeeq bberq la ddee siuq weilti me jjuq
犏牛[28] ヤク 間 置く (副3) 犏牛 ヤク (副3) 1 (種) [問題] (副1) ある

maq,
(末1)

犏牛とヤクの間に置いても、　牛とヤクは少しも問題がなかったな。

178. Me chu lv ye maq,
(副1) 跳ぶ 震える (末9) (末1)

跳んで震えないな。

179. Aiq gol nee zee keel seil aiq chee mei chu lv ye meiq,
鶏 間 (構3) 置く 行った (接2) 鶏 これ (羽) 跳ぶ 震える (末9) (末2)

鶏の間に置いてやったら、この鶏は跳んで震えたな。

180. Aiq tee rherq pil ye maq,
鶏 それ 驚く (態4) (末9) (末1)

鶏は、びっくりしたな。

181. Ei:, chee ddaiq bbei la nil me waq seiq, me waq,
えー これ 有能な (構5) 虎 乳 (副1) である (態1) (副1) である

えー、これは、有能に(取ってきた)虎の乳ではないのだ。(虎の乳では)ない。

182. Neeq dol me yel seiq, ngeq mil neeq dol me yel,
お前 (構2) (副1) 与える (態1) 私 娘 お前 (構2) (副1) 与える

お前に与えないことにする。私の娘をお前に与えない。

---

28. ヤクと牛の交配種。

183. Neeq ddai negge ddvq gge nil chuaq bul ceeq, la nil me waq,

お前 狐 (接6) 山猫 (構4) 乳 搾る (構6) 来た 虎 乳 (副1) である

お前は狐と山猫の乳を搾って来た。虎の乳ではない。

184. Neeq dol yel me bie seiq,

お前 (構2) 与える (副1) 成功する (態1)

お前には与えられない。

185. Cheebbei seil mil chee ddeemerq me heeq pil maq el ei,

これ-(構5) (接2) 娘 これ 1-(少量) (副1) 安らぐ (態4) (末1) (副2) (末8)

このようになると、この娘がちょっと面白くなかったな。だろ？

186. Mailteeko seil, sso chee nee mil chee gol lei milddo hee mei,

後-それ-(半日) (接2) 男 これ (構1) 娘 これ (構2) (副6) 尋ねる 行った (末2)

しばらくすると、この男がこの娘に尋ねに行ったな。

187. Cheebbei chee ddee dol bbei seiq, me bie seiq,

これ-(構5) これ 1 (回) する (態1) (副1) 成功する (態1)

このように、これを一回やった。成功しなかった。

188. Ei, seiqbbei lei bbei dder shel seil,

え どう-(構5) (副6) する (助3) 言う (接2)

え、どうしなければならないのか、と言うと、

189. Ng:, neeq gai nee ngeq gol me shel,

んー あなた 前 (構3) 私 (構2) (副1) 言う

んー、あなたは前には私に言わなかった。

190. La sso leel jjai ddoq pul jjuq,

虎 息子 (接4) (接5) 日陰 斜面 いる

虎の息子は、日陰の斜面にいる。

191. La mei nee jjai bbaq pul jjuq mei waq, e:,

虎 母 (構1) (接5) 日なた 斜面 いる (末2) である あー

虎の母が日向の斜面にいるんだな。あー。

192. Eil neeq, Miqrhvqgelrhvq lv'lvq, lv ddee liu bul pil seil,

え あなた ミジュクジュ 石-(重) 石 1 (個) 持つ (態4) (接2)

え、あなたはミジュクジュ石を一つ持って、

193. Lv jjaif ga ddee liu waq,

石 とても 良い 1 (個) である

とても良い石だ。

194. Chee lv nee ka la me tv bbei la sso chee diu,

これ 石 (構3) 声 (副3) (副1) 出す (構5) 虎 息子 これ 叩く

この石で、声も出さずにこの虎の息子を叩く。

195. La sso diu pil seil la ee wulchee sheel,
虎 息子 叩く (態4) (接2) 虎 皮 それ 剥ぐ

虎の息子を叩いたら、その虎の皮を剥ぐ。

196. Sheel seil chee bbei eq tal, el yi,
剥ぐ (接2) これ (構5) (副8) [套][29] (副2) (末8)

剥いだらこれを被って、だろ？

197. La sso nilni bbei eq zzeeq naiq,
虎 息子 同じ (構5) (副8) 座る (助4)

虎と同じに座っていなくてはならない。

198. Ei ddeekaq ggv seil, la mei nee bbaq pul jjuq, chee leiwul lee
え 1-(時) 経つ (接2) 虎 母 (構1) 日向 斜面 いる これ 戻る 来る

seil nil deel lee zo,
(接2) 乳 与える 来る (末6)

え、少ししたら、虎の母が日向にいるが、これが戻ってきたら、(虎の子に)乳を与えに来る。

29. 漢語：かぶる。

199. Chee sseil, la, la ssiul gge, eeba chee gvliu eq tal pil seil, el

これ （接2） 虎 虎 子供 （構4） 皮 これ 頭 （副8）［套］（態4）（接2）（副2）

yi, kee la ddoq me zherq bbei eq tai pil seil, cheeweil eq

（末8） 足 （副3） 見る （副1） （助6） （構5）（副8）［套］（態4）（接2） これ-(位置)（副8）

nai shel maq,

隠れる 言う （末1）

こうすると、虎の子供の、皮を頭に被ると、足も見えないように被ると、ここに隠れたと言うんだな。

200. Tee la mei leiwul ceeq seil, chaiqceel, teegai eq zzeq pil seil,

それ 虎 母 戻る 来た （接2） すぐに そこ （副8） つかむ （態4）（接2）

milggeq nil tee teiq teeq zherq seil,

上-下 乳 それ （副7） 飲む （助6） （接2）

それで、虎の母が帰ってくると、すぐにそこで(子供を)つかんで、上から下へ乳を飲ませたら、

201. Miugv eq liuq shel muq moq,

天-(尾2)（副8）見る 言う （末1） （末1）

天を見ていると言うんだな。

202. Ssiulssiu gol me liuq,

子供-(重) （構2）（副1）見る

子供を見ない。

203. Liuq pil seil faiqxail seiq maq,

見る (態4) (接2) [発現][30] (態1) (末1)

見れば見つけられるだろ。

204. Nal me liuq,

(接1) (副1) 見る

しかし見ない。

205. Me liuq seil chee nee tee, cheebbei ggeq no rher pil seil, nil

(副1) 見る (接2) これ (構1) それ これ-(構5) 上 乳 近づく (態4) (接2) 乳

teeq zzozzoq bbei, el ei,

飲む ふり する (副2) (末8)

見ないので、これが、このように乳に近づいて、乳を飲むふりをして。だろ？

206. Gai rherrher pil seil el, ddeemerq chuaq mai keel maq, a:,

前 近づく-(重) (態4) (接2) あ 1-(少量) 搾る (助5) おそらく (末1) あー

近づくと、あ、少し搾れたようなんだな。あー、

207. Eil tee, nil chuachuaq pil seil, la mei chee la lei co hee zeel

え それ 乳 搾る-(重) (態4) (接2) 虎 母 これ 虎 (副6) 跳ぶ 行った (末5)

wei,

(末7)

え、それで、乳を搾ると、この虎の母は(どこかへ)跳んで行ったと言うんだな。

30. 漢語：発見する。

208. Chee ssiulssiu gol me liuq zeel wei, e:,
これ 子供-(重) (構2) (副1) 見る (末5) (末7) あー

こうして、子供を見ないと言うんだな。あー。

209. Tee la nil lei bul ceeq,
それ 虎 乳 (副6) 持つ 来た

それで、虎の乳を持ってきた。

210. La nil lei bul ceeq,
虎 乳 (副6) 持つ 来た

虎の乳を持ってきた。

211. Hei:, chee sseeq nee leijuq aiq gol lei zee hee, dilyi seil,
へー これ (回) (構3) 再び 鶏 間 (副6) 置く 行った [第一] (接2)

aiq chee ddee siuq me bbee,
鶏 これ 1 (種) (副1) (態2)

へー、今回は鶏に置くと…、最初は、鶏はちっとも(驚か)なかった。

212. Zzeeq bberq gol lei zee hee seil, zzeeq bberq chee ddeehebei
犏牛 ヤク 間 (副6) 置く 行った (接2) 犏牛 ヤク これ すべて

rherq, geeqgee heiq neiq maq el ei,
驚く 震える-(重) (態1) (末4) (末1) (副2) (末8)

犏牛とヤクに置くと、犏牛とヤクはみんな驚いた、震えたんだな。だろ？

213. Ng:, chee sseeq dal ye, zhaibudo, la nil waq ye, a:,
んー　これ　(回)　(副4) (末9)　[差不多][31]　虎　乳　である (末9) あー

んー、まさに今回はなぁ、ほぼ、虎の乳だな。あー。

214. Nal, neeq gol yel la yel tal,
(接1)　お前　(構2) 与える (副3) 与える (助2)

しかし…、お前に与えてもよろしい。

215. Mail nee leijuq piaisei neeq leel ni seil, neeq, aiqloq gge seiq
後　(構3)　再び　[偏生][32]　お前　(接4) 要る (接2)　お前　崖-(尾3) (構4) アオヒツジ

ddee pul kail bul lu, ng:,
1　(頭)　射る (構6) 来い　んー

あと、また、どうしてもお前が要るのなら、お前、崖のアオヒツジを1頭射って来い。んー。

216. Ei, chee, jjaif jjeq seiq maq ye,
え　これ　とても 苦しい (態1)　(末1) (末9)

え、これは、とても大変そうだな。

217. Ei, huqkal[33], lvmei ddee lv, keedvq shel ye keedvq, lvmei
え　夜-(半分)　石-(尾5)　1　(石)　クトゥ　言う (末9)　クトゥ　石-(尾5)

ddee lv cheekee eq zee pil seif ye, el yi,
1　(石)　これ-(所) (副8) 置く (態4) (接2) (末9) (副2) (末8)

え、夜中、大きい石を、クトゥと言うんだなクトゥ、大きい石を一つここに置くと。だろ？

---

31. 漢語：ほとんど。
32. 漢語：どうしても。
33. 大研鎮での発音は、huqkol。

218. Huqmeekvl cheebbei aiqkal[34] eq yil zeel wei,
夜 これ-(構5) 崖-(間) (副8) 寝る (末5) (末7)

夜はこうして崖の間に寝ると言うんだ。

219. Aiqkal eq yil mei, yilmuyilseesee seil, cheeloq kee chee nee,
崖-(間) (副8) 寝る (構7) うとうと (接2) これ-(尾3) 足 これ (構3)

keedvq chee liu ddee cee nee mei gge, keedvq tee aiqkal hee
クトゥ これ (個) 1 蹴る (構8) (構7) (構4) クトゥ それ 崖-(間) 行った

maq ei,
(末1) え

崖の間で、うとうとしていると、ここで、(ジラアプが)この足で、このクトゥを蹴って、クトゥは崖に(落ちて)行った。え。

220. Chee meeltai seiq ddee pul gol diu mai zeel wei,
これ 下-底 アオヒツジ 1 (頭) (構2) 打つ (助5) (末5) (末7)

これが、下で一頭のアオヒツジに当たったと言うんだな。

221. Mailteesoq lei liuq keel seil, seiq ddee pul tee shee mei ye,
後-それ-朝 (副6) 見る 行った (接2) アオヒツジ 1 (頭) それ 死ぬ (末2) (末9)

後で探しに行ったら、アオヒツジ一頭が打たれて死んでたな。

222. Ei, seiq shee seil lei bul ceeq,
え アオヒツジ 肉 (接2) (副6) 持つ 来た

え、アオヒツジの肉は、持ってきた。

---

34. 大研鎮での発音は、aiqkol。

223. Chee, epv heel ree zzoq[35], Leel'ee dvl ree zzoq shel moq,
これ 老人 回り道 道 歩く ルグ 近い道 道 歩く 言う (末1)

これが、老人は回り道を歩いて、ルグは近道を歩く、と言うんだな。

224. Epv chee seil, ko ree'loq nee ceeq, Leel'ee chee gvl seil nvl
老人 これ (接2) 遠い 道-(尾3) (構3) 来た ルグ これ (人) (接2) 近い

reeloq nee ceeq seil, yegoq lei tv seil Leel'ee chuq seiq mei,
道-(尾3) (構3) 来た (接2) 家 (副6) 着く (接2) ルグ 速い (末3) (末2)

この老人は、遠い道を来て、このルグは、近い道を来たので、家に着くのは、ルグが速いんだな。

225. Ei, Leel'ee shel seil, leijuq chee huq, bber lei lee seil, bber,
え ルグ 言う (接2) 後に これ 夜 客 (副6) 来る (接2) 客

bber gge bber sherl lei bbei ye,
客 (構4) 客 おかず (副6) する (末9)

え、ルグが言うには、「後で、今夜、お客が来たらならば、お客、お客のおかずにして下さい。

226. Bber leel me lee seil, epv gge moq, ha sherl lei bbei tal, chee
客 (接4) (副1) 来る (接2) お爺様 (構4) (末1) 飯 おかず (副6) する (助2) これ

shel keel ye mei,
言う 行った (末9) (末2)

お客が来なければ、お爺様の、ご飯のおかずにしてよいです。」こう言ったな。

35. これは主に経典に用いられる語であると考えられる。この部分は経典の引用である。

227. Ye, seiq mai seiq,

いやー アオヒツジ 得る （態1）

いやー、アオヒツジは獲れた。

228. Seiq nvl seiq mai ye,

アオヒツジ （接7） アオヒツジ 得る （末9）

アオヒツジは獲れたな。

229. Seiq shee ka zhu jju ye moq,

アオヒツジ 肉 角 ［種］ ある （末9）（末1）

アオヒツジの肉、角の類があるな。

230. Nal neeq leijuq aiqloq gge ni heeq zzeq naiq melsee,

（接1） お前 また 崖-（尾3）（構4） 魚 肥えた 捕る （助4） まだ

しかしお前、今度は、崖の中の肥えた魚を捕らねばならん。

231. Ei, ni ddee mei juq bul lu,

え、 魚 1 （匹） 仕掛ける （構6） 来い

え、魚を一匹仕掛けて(捕って)来い。

232. Hei, ddee gvl seil epv waq, ddee gvl seil Leel’eesso tee seil

へ 1 （人）（接2） 老人 である 1 （人）（接2） ルグ-（男） それ （接2）

shel moq,

言う （末1）

へ、一人は老人、一人はルグが、と言うんだな。

233. Chee lvmei bberq pvl[36] lvl, epv kee mail zee,

これ　石-(尾5)　ヤク　プル　包む　老人　足　後ろ　置く

これ、大きい石をヤクのプルで包み、老人の足の後ろに置く。

234. Diu shee seil epv chee nee dal diu ye maq,

打つ　死ぬ　(接2)　老人　これ　(構1) (副4) 打つ (末9) (末1)

打ち殺すのは、老人が打つんだな。

235. Ei, huqkal seil jjai kee chee meeq ddee chu nee mei gge lvmei

え　夜-(半分) (接2) (接5)　足　これ　下　1　伸ばす (構8) (構7) (構4) 石-(尾5)

chee lv cee mai pil ye maq, el yi,

これ (石) 蹴る (助5) (態4) (末9) (末1) (副2) (末8)

え、夜中になると、足を下に伸ばして大きいこの石を蹴ったんだな。だろ？

236. Ddee cee nee mei gge jjiqloq gul hee seil, ei, ni ddee mei mai

1　蹴る (構8) (構7) (構4) 水-(尾3) 捨てる 行った (接2)　え　魚　1　(匹)　得る

shel ye maq ye,

言う (末9) (末1) (末9)

ちょっと蹴って、水の中に捨ててやったら、え、1匹の魚に当たったと言うんだな。

237. Cheebbei bbei ni shee la bul lei ceeq,

これ-(構5)　する　魚　肉　(副3) 持つ (副6)　来た

このようにして、魚の肉も持ってきた。

---

36. ヤクの毛の織物。

238. Chee sseeq leel seil, neeq nee ni seil, neeq, bbei la bbei tal
これ （回） （接4）（接2） お前 （構1）求める（接2） お前 する（副3）する （助2）

seiq, el ei,
（態1）（副2）（末8）

今回は、お前が求めるものは、お前はしてもよろしい。だろ？

239. Neeq ezee me gua fv seiq,
お前 何 （副1）［管］[37]［服］（態1）

お前がやることは何でも感服した。

240. Nal neeq gge, ei, zzeeq bbei ceeq ddee ni zzeeq pv ezee bul
（接1） お前 （構4） え 結婚 する 来た 1 （日） 結婚 代金 何 持つ

ceeq,
来た

しかしお前の、え、結婚に来て求めるこの日に、結納は何を持ってきた？

241. Bboq bbei ceeq ddee ni, neeq bboq, bboq pv ezee bul ceeq,
結婚 する 来た 1 （日） お前 結婚 結婚 代価 何 持つ 来た

shel neiq mei,
言う （態3）（末2）

結婚に来て求めるこの日に、お前の結納は何を持ってきた？ と言うんだな。

---

37. 漢語：かまう。-- me gua（……にかかわらず）の形式で常用される。

242. Ei, Coqssei'leel'ee nee shel seil, nvl[38] e: miu shuaq geeq ceelcee
え ツォゼルグ (構1) 言う (接2) 私 あー 天 高い 星 密な-(重)

nee ceeq moq, ceecaiq la hoq me tal,
(構8) 密な (末1) 家畜 (副3) 追う (副1) (助2)

え、ツォゼルグが言うのには、私は、あー、高い天の星のように密である、家畜も(天に)追って(来れ)ない。

243. Ddiuq bbei req[39] ceelcee nei cee ye moq, ngvq haiq sal gguq
地 (副5) 草 密な-(重) (構8) 密な (末9) (末1) 銀 金 品物 (背中の荷)

la bul me tal moq, a:,
(副3) 持つ (副1) (助2) (末1) あー

地上の草のように密だ、と言う、(馬の荷ほどの)金銀は(天に)持って(来れ)ない。あー。

244. Nal eni'lasherlni nee, ggv rhuq xu kelkee, cheebbei zzeeq pv
(接1) 以前 (構3) 9 山 獣 狩る これ-(構5) 結婚 代価

ruaq, cheebbei bboq pv ruaq,
払う これ-(構5) 結婚 代価 払う

しかし以前、9つの山で獣を狩り、こうして結納を払った。

245. Ddeehebbei shuq ye ngvl eq guq seiq, ngvlkee eq ruaq seiq,
全て 探す (末9) あなた (副8) 渡す (態1) あなた-(所) (副8) 払う (態1)

全部探して、あなたに渡した。あなたに払った。

---

38. これは経典で用いられる語である。
39. 大研鎮での発音は、ssee。

246. Ei, chee sseeq nee yi, ddee ni la ni, ni dal ni shel
え　これ　(回)　(構3)(構10)　1　(日)(副3) 求める 求める (副4) 求める 言う

neiq muq, taf mil tee e:,
(態3)(末1)　彼の　娘　それ あー

え、この時には、何度も下さいと、ひたすら下さいと言ったんだな。彼の娘を。あー。

247. Ni dal ni shel seil, ni shel seil, bailfa me jju pil, tee gol
求める (副4) 求める　言う　(接2) 求める 言う　(接2)　[辦法] (副1) ある (態4)　彼　(構2)

yel, e:,
与える あー

ひたすら下さいと言うので、下さいと言うので、仕方がないので彼に与えた。あー。

248. Bailfa me jju tee gol yel seil, eyi, yegoq nee,
[辦法] (副1) ある　彼　(構2) 与える (接2)　今　家　(構3)

仕方がないので彼に与えると、今、家で、

249. Lerl mil ggv siuq yel, neeqmei ggvl chv yel, e, huallei chv me
種　熟した　9　(種) 与える　家畜-(物)　9　(種) 与える あ　ネコ　(種)(副1)

yel shel ye maq, el yi,
与える　言う (末9)(末1)(副2)(末8)

実った種を9種与え、家畜を9種与え、あー、ネコは与えなかったというんだな。だろ？

250. Chv ddeehebbei guq seiq, nal huallei chee mei seil me guq
種　全て　渡す（態1）（接1）ネコ　これ（匹）（接2）（副1）渡す

nvqmaq, ei:,
（末1）えー

種を全て渡したが、このネコは与えなかったんだな。えー。

251. Nal chee nee jjai, huallei neeq chv seiq, neeq kotoq nee bberq,[40]
（接1）これ（構1）（接5）ネコ　家畜　種（態1）家畜　後ろ（構3）移る

しかし、これは、ネコは家畜の種に入っている。家畜の後ろから移ってくる。

252. Huallei chee nvl mailgguq puq ceeq moq, a:,
ネコ　これ（接7）後-(後)　逃げる　来た（末1）あー

ネコの種は、後に逃げてきたんだな。あー。

253. Lerl mil ggvl siuq yel, keelddvq[41] lerl me yel,
種　熟した　9（種）与える　野壩子　種（副1）与える

実った種を9種与え、野壩子の種は与えない。

254. keelddvq ai chv seiq, ai kotoq nee bberq,[42]
野壩子　穀物　種（態1）穀物　後ろ（構3）移る

野壩子は穀物の種に入っている。穀物の後ろに移ってきた。

---

40. この部分は経典の引用。
41. 種から油が取れる当地独特の植物。学名は *Elsholtzia rugulosa* Hemsl。
42. この部分は経典の引用。

255. Lerl ddeehebbei yel seiq mei keelddvq chee me yel pil seil

種 全て 与える (態1) (構7) 野壩子 これ (副1) 与える (態4) (接2)

keelddvq chee seil eyi o boq, boq jil, lerl la jil,

野壩子 これ (接2) 今 茎 穂 穂 小さい 種 (副3) 小さい

種を全部与えたが、野壩子は与えなかったので、野壩子は、今、茎や穂、穂が小さい。種も小さい。

256. A:, kee ddee kee sherq, aiq ddee mei bul,

あー 犬 1 (匹) 連れる 鶏 1 (羽) 持つ

あー、犬を一匹連れて、鶏を一羽持って、

257. Kee per ddee kee sherq, ni huq, a:, bber bvl ddubbiu yel,[43]

犬 白い 1 (匹) 連れる 昼 夜 あー 客 主人 分ける 与える

白い犬を一匹連れて(来ると)、昼と夜が…、あー、客と主人を分けてやったんだな。

258. Kee chee mei sherq bul ceeq seil, elggeeq kvq xi negge bbiuq

犬 これ (匹) 連れる (構6) 来た (接2) 我-(複) 中 人 (接6) 外

xi chee, tee nee cikeq seiq, el yi,

人 これ それ (構1) 区別する (態1) (副2) (末8)

この犬を連れて来ると、我々の中の人と、外の人を、それが分けた。だろ?

259. Tee seil, bber bvl ddubbiu yel shel neiq mei waq,

それ (接2) 客 主人 分ける 与える 言う (態3) (末2) である

それで、客と主人が分けられたと言うんだな。

43. この部分も経典の引用。

260. Ai naq juq kaq ceeq, ni huq ddubbiu yel shel neiq maq waq,[44]
鶏 大きい 鳴く 声 はっきり 昼 夜 分ける 与える 言う （態3） （末1） である

大きい鶏が鳴いたので、昼と夜が分けられた、と言うんだな。

261. Aiq chee mei seil ni negge huq chee chvpiq chee aiq chee mei
鶏 これ （羽） （接2） 昼 （接6） 夜 これ ［区別］ これ 鶏 これ （羽）

nee bbei neiq shel neiq maq, el yi,
（構1） する （態3） 言う （態3） （末1） （副2） （末8）

この鶏は、昼と夜を区別したのは、この鶏がやったと言うんだな。だろ？

262. Teebbeigguq, nal see leijuq ni gvl bbei ddee jjiq bbei,
これ-（構5)-（後） （接1） やっと 後に 2 （人） （副5） 1 家 成す

この後、やっと二人は一家になった。

263. Leijuq Keeciwe'lvlboqwa nee lei zzeeq hee, a:,
後に クツィウォルポワ （構3） （副6） 住む 行った あー

それからクツィウォルポワに住んだ。あー。

264. Keeciwe'lvlboqwa zzeeq seiq mei,
クツィウォルポワ 住む （態1） （末2）

クツィウォルポワに住んだな。

265. Ei:, jjiq ceel ddai rerq ddeehe bbei, bbaq pvl ddeehe bbei mei,
えー 家 建てる 敷地 開く 全て する 畑 種まきする 全て する （末2）

えー、家を建てたり敷地を開いたり、畑に種まきをしたり、

44. この部分も経典の引用。

266. Miugv gge Miuzzeika'la chee nee bvlmai ye bbvqcheeni heeq
天-（尾2） （構4） ムゼカラ これ （構1） ［不満］ （末9） 毎-これ-（日） 雨

kuaq zzo kuaq keel shel neiq moq, a:,
悪い 雹 悪い 放つ 言う （末4） （末1） あー

天上のムゼカラが、不満で毎日悪い雨と悪い雹を降らせたと言うんだ。あー。

267. Dilyi seil Miuzzeika'la ddahamei waq,
［第一］ （接2） ムゼカラ 妻 である

第一には、（もともとは）ムゼカラの妻である（ためだ）。

268. Ei, chee nee gua bul ceeq,
え これ （構1） ［拐］ （構6） 来た

え、これが、かどわかしてきた。

269. Tee zeeggeeqnee Miuzzeika'la nee kuaq keel maq,
それ 理由-（構3） ムゼカラ （構1） 悪い 放つ （末1）

それで、ムゼカラが悪い（もの）を放ったのだな。

270. Heeq kuaq keel zzo kuaq keel el yi, miu ggv,
雨 悪い 放つ 雹 悪い 放つ （副2） （末8） 天 雷が鳴る

悪い雨と悪い雹を降らせた。だろ？ 雷が鳴る。

271. Ei, bbaq bbi jjiq bbi keel zherq shel mei maq, a:,
え 畑 絶える 畑 絶える 放つ （助6） 言う （末2） （末1） あー

え、畑を不作にさせたと言うんだな。あー。

272. Tee Coqssei'leel'ee tee leijuq, taf ni gvl ddee jjiq bbei pil seil,

それ　ツォゼルグ　彼　後に　彼　2（人）　1　家　成す（態4）（接2）

sso seel gv siq[45] maq,

息子　3（人）生む（末1）

それで、ツォゼルグは、その後、彼ら2人は一家になると、息子を3人生んだな。

273. Leijuq ddee dual jju melsee, chee dual seil ddeemerq, gai nee

他に　1［段］ある　まだ　これ［段］（接2）　1-(少量)　前（構3）

chuq pil seiq,

早く　無くなる（態1）

あと一段あるが、この段は、前になくなったのだったな。

274. Nie[46] zeeq negge nie dderq jju melsee maq, el yi,[47]

目　縦（接6）目　横　ある　さらに（末1）（副2）（末8）

縦目と横目(の女)があるのだな。だろ？

275. Eyi seil nie dderq dal melsee maf el yi,

今（接2）目　横（副4）　まだ（末1）（副2）（末8）

今は、横目だけ。だろ？

---

45. 大研鎮の発音では、seeq。
46. 大研鎮の発音では、mieq。
47. この部分は、経典テクストにおいて、ツォゼルグがツェフボボミと出会う前の部分に語られる縦目の女と横目の女の話を指している。本来の経典テクストのストーリーは、外見は美しくはないが心が美しい横目の女と一緒になるように言われたツォゼルグが、心は美しくないが外見の美しい縦目の女と一緒になり、蛇や蛙の子供が生まれてしまうというもの。しかし、ここでは必ずしもこの通りのストーリーを指しているのか明らかでない。

276. Nie zeeq cheegeq lei ddiul seiq see, nie dderq lei meil hee
目 縦 これ-(所) (副6) 追う (態1) 先に 目 横 (構9) 求める 行った

maf el ei,
(末1) (副2) (末8)

まずここで縦目を追いかけて、(それから)横目を求めに行ったんだな。だろ？

277. Nal, chee la ni siuq seel siuq bbei jju ye, tei'eekol la,
(接1) これ (副3) 2 (種) 3 (種) (副5) ある (末9) 経典-(中) (副3)

しかし、これも 2 種…、3 種ある、経典の中に。

278. Coqbbersal[48] seil Coqbbersalloq nee tee tee ddeegeq bbei jju,
ツォバサ (接2) ツォバサ-(尾3) (構3) それ それ 1-(所) (構5) ある

ツォバサはツォバサの中に、一箇所ある。

279. E:, Tvzzoq[49] seil Tvzzoq nee ddee chu bbei jju,
あー トゥゾ (接2) トゥゾ (構3) 1 (区切り) (構5) ある

あー、トゥゾは、トゥゾにひと区切りある。

280. E:, chee ni bei, ni siuq bbei jju keel ye, ni siuq dal waq ye,
あー これ 2 [本] 2 (種) (構5) ある たぶん (末9) 2 (種) (副4) である (末9)

e:,
あー

あー、この 2 本、2 種あるようだな。2 種だけだな。あー。

48. 経典の名前。
49. 経典の名前。

281. Tee sso seel gv siq seil, sso chee seel gv tee, geezheeq me gvl

それ 息子 3 (人) 生む (接2) 息子 これ 3 (人) それ 話す (副1) (助1)

zeel wei,

(末5) (末7)

それで、息子３人を生むと、この３人の息子は、しゃべれないと言うんだなぁ。

282. Ei, sso ddeeq chee bbuqdiul hee zherq,

え 息子 大きい これ 外 行った (助6)

え、大きい息子を外に行かせた。

283. Bbuqdiul ddiuq liuq zherq mei seil, rua ddee pul nee, leekol,

外 地 見る (助6) (構7) (接2) 馬 1 (頭) (構1) 畑-(中)

jjuq zzee neiq shel neiq moq,

カブ 食べる (態3) 言う (態3) (末1)

外を見させると、馬一頭が、カブを食べていたと言うんだ。

284. E, sso chee gvl ggeq leiwul ceeq seil, ei', chee,

あ 息子 これ (人) 上 戻る 来た (接2) えー これ

“Daneeyuqmazhai” shel neiq ye muq,

「タヌユマチャ」 言う (態3) (末9) (末1)

え、この息子が戻ってくると、えい、これが、「タヌユマチャ」と言ったんだ。

285. Ggeezzeeq geezheeq bbei rua nee ekeeq[50] kai neiq ye shel keel
チベット 言葉 （構5） 馬 （構1） カブ かじる （態3） （末9） 言う たぶん

ye maf,
（末9） （末1）

チベットの言葉で、馬がカブをかじっていると言ったらしいんだな。

286. Liul chee gvl hee zherq seil, ei:i, jil chee gvl, jil chee gvl
中 これ （人） 行った （助6） （接2） えーい 小さい これ （人） 小さい これ （人）

hee zherq seil, “Ma nee maqzi chee” shel neiq ye maq ye,
行った （助6） （接2） [馬] （構1） [蔓菁][51] [吃][52] 言う （態3） （末9） （末1） （末9）

真ん中の（息子）を行かせると、えーい、小さい（息子）を行かせると、「マヌマツィチ（馬がカブを食べている）」と言ってるな。

287. E:, Habaq bbei shel neiq maq el yi,
あー 漢語 （構5） 言う （態3） （末1） （副2） （末8）

あー、漢語で言ってるんだな。だろ？

288. Liul chee gvl lei hee zherq seil, ei:i, liul chee gvl seil, “Rua
中 これ （人） （副6） 行った （助6） （接2） えーい 中 これ （人） （接2） 馬

nee ekeeq kai neiq yo” shel neiq ye, leekol,
（構1） カブ かじる （態3） （末7） 言う （態3） （末9） 畑-（中）

真ん中の（息子）を行かせると、えーい、真ん中の（息子）は、「馬がカブをかじってるよ」と言っている。畑の中で。

---

50. カブの実（根）の部分。jjuq は全体を指す。
51. 漢語：カブ。
52. 漢語：食べる。

289. Eil, ddee mei sso gge seel siuq,
え 1 母 息子 (構4) 3 (種)

えー、一人の母の息子が3種。

290. E:, sso ddeeq chee seil tee tee ddee geezheeq nee Ggeezzeeq
あー 息子 大きい これ (接2) それ それ 1 話す (構8) チベット

geezheeq, Ggeezzeeq bie,
言葉 チベット人 [変]

あー、大きい息子は、ちょっとしゃべるとチベット語で、チベット人になる。

291. Jil chee gvl seil Leibbv lei bie hee,
小さい これ (人) (接2) ペー(白)族 (副6) [変] 行った

小さい(息子)は、ペー族になった。

292. Liul chee gvl seil Naqhai[53] seiq maf el yi, Naqhai geezheeq
中 これ (人) (接2) ナハ (末3) (末1) (副2) (末8) ナハ 言葉

bbei seiq maf el yi, a:,
する (態1) (末1) (副2) (末8) あー

真ん中の(息子)はナハだと言うので、ナハ語になったんだ。だろ?あー。

293. Tee Naqhai tee miu bbvq zzeeq moq,
それ ナハ それ 天 下 住む (末1)

それで、ナハは天の下に住むんだな。

53. 白地での「ナシ」の自称。

294. Ggeezzeeq chee seil tee ddee zzeeq neiq jjai, tee seel gv

チベット人 これ (接2) それ 1 住む (態3) (接5) その 3 (人)

bbiuqbbiu pil seil, rhuqkee dal zzeeq, Ggeezzeeq chee, a:,

分かれる-(重) (態4) (接2) 山-ふもと (副4) 住む チベット人 これ あー

チベット人は、これが。それが、住み始めると、その 3 人は分かれて、山のふもとに住んだ。チベット人は。あー。

295. Ei:, bbiuq ha cherl pil seil, bbiuddv dal biuq, a:,

えー 小麦粉 ツァンパ 握る (態4) (接2) 小麦粉-人形 (副4) 祀る あー

えー、ツァンパを握って、その人形を祀る。あー。

296. Leibbv chee seil jjai, kaiq[54] kee dal zzeeq shel neiq, kaiq kee,

ペー族 これ (接2) (接5) ツツジ 足 (副4) 住む 言う (態3) ツツジ 足

elchee seiqbbei shel me ddoq,

あれ どう-(構5) 言う (副1) 見える

ペー族は、ツツジの下に住むという。ツツジの下、後は何と言うかわからない。

297. Leibbv kaiq kee zzeeq, kaiq bbei ceil ye rhv shel moq,

ペー族 ツツジ 足 住む ツツジ (構5) 葉 多い 増える 言う (末1)

ペー族はツツジの下に住む。ツツジの葉のように繁栄する、と言うんだな。

298. Ssoliul chee seil zheezhee gge Naqhai waq,

息子-中 これ (接2) [直直] (構4) ナハ である

真ん中の息子は、直接のナハだ。

---

54. kaiq の部分は経典の注釈でも解釈が分かれ、「栗」、「崖」、「街」などの解釈もある。

299. Ei, Naqhai tee miubbvq zzeeq seil, jjai miugul geeq yeq zhv

え ナハ それ 天-下 住む (接2) (接5) 天上 星 多い 増える

seiq,

(態1)

え、ナハは天の下に住んで、天の星のように繁栄する。

300. A:, ceeq biuq ddee zherl la tee nee see,

あー 霊 祀る 1 (しきたり) (副3) それ (構1) 知る

あー、霊を祀るしきたりも彼らは知った。

301. Bber lol ddee dduq la tee nee see,

客 もてなす 1 (しきたり) (副3) それ (構1) 知る

客をもてなすしきたりも彼らは知った。

302. E, ezee biuq me gua gge zherlzzoq tee ddeehebbei chee laqbul

あ 何 祀る (副1) [管][53] (構4) しきたり それ すべて これ 手-(中)

nee ddai bul ceeq shel neiq moq, e:,

(構3) する (構6) 来た 言う (態3) (末1) あー

あ、何を祀るにしろ、儀礼のしきたりは、すべてこの手に由来すると言うのだな。あー。

303. Ceeq biuq ddee zherl see bber lol ddee dduq see shel maq,
霊 祀る 1 （しきたり）知る 客 もてなす 1 （しきたり） 知る 言う （末1）

a:,
あー

霊を祀るしきたりを知り、客をもてなすしきたりを知ったと言うんだな。あー。

304. Chee seel gv tee, Coqssei’leel’ee negge Ceilheebbobboq tee el
これ 3 （人） それ ツォゼルグ （接6） ツェフボボ それ （副2）

yi,
（末8）

この３人は。（そして、）ツォゼルグとツェフボボは。だろ？

305. E:, eyi gge, miu biuq chee la chee dal waq,
あー 今 （構4） 天 祀る これ （副3） これ （副4） である

あー、今の、天を祀るのはこれが全てだ。

306. Miu biuq chee seil dilyi dilyi cheekaq seil, miu, miu la miu
天 祀る これ （接2） ［第一］ ［第一］ これ-（時） （接2） 天 天 （副3） 天

biuq,
祀る

天を祀るのは、最初の時は、天、天を祀るのだ。

307. E:, ngeq gge cheimiq nvl cheeweil jju, cheeweil, eyi rua eq
あー 私 （構4） ［証明］ （接7） これ-（位置） ある これ-（位置） 今 馬 （副8）

pai cheeweil,
つなぐ これ-（位置）

あー、私の証明は、それ、ここにある、ここ。今、馬をつないでいるここだ。

308. Cheeloq seil eqbbeisherlbbei xi, jjiq me jju nieq seil, kai, jjiq
これ-（尾3） （接2） 昔 人 水 （副1） ある …の時 （接2） 溝 水

bbai neiq moq, jjiq,
出る （態3） （末1） 水

ここは、昔の人が、水がないときに、溝に水が湧き出たんだ。水が。

309. E, jjiq lei gol pil seiq nal see meeltai cheeloq nee eq ngai
あ 水 （副6） 涸れる （態4） （態1） （接1） やっと 下-底 これ-（尾3） （構3） （副8） 安置する

ye muq maq,
（末9） （末1） （末1）

あ、水が涸れてやっと、下のここに、（祭壇を）置いたんだな。

310. Nal xi, Ceilheebbobboq chee, Rheelaq'epv gol rer ye, rer,
（接1） 人 ツェフボボ それ ジラ-長老 （構2） 怖れる （末9） 怖れる

しかし、人は。ツェフボボは、ジラアプを怖れた、怖れた。

311. Ggeq lei tv miugv leiwul bbee seil, tee nee meeq lei hee

上 (副6) 着く 天-(尾2) 戻る 行く (接2) 彼 (構1) 下 (副6) 行った

me zherq seiq maq,

(副1) (助8) (態1) (末1)

上に天に帰ろうとすると、ジラアプが下に戻らせなかったんだな。

312. Ei, rer pil seil, miu gge pvlaq tee, ddiuqloq nee eq ngai pil

え 怖れる (態4) (接2) 天 (構4) 神 それ 地-(尾3) (構3) (副8) 安置する (態4)

seil, ddiuqloq nee miugv xulshee neeq maf,

(接2) 地-(尾3) (構3) 天-(尾2) 供える (態3) (末1)

え、怖れると、天の神(の祭壇)を地上に置いて、地上で天に供えたんだな。

313. Xi nee shel seil kaq biuq, ezee Mufloyei biuq shel me waq,

人 (構1) 言う (接2) 王 祀る 何 [木老爺][55] 祀る 言う (副1) である

人が言うには、王を祀るとか、木の殿様を祀るとか何とか言うが、そうではない。

314. Zheezhee gge miu biuq neiq muq, a:,

[直直] (構4) 天 祀る (態3) (末1) あー

直接の天を祀っているんだよ。あー。

315. Zhe gge Rheelaq'epv miu, Ceilhee'ezzee ddai, chee ni gvl,

ここ (構4) ジラ-長老 天 ツェフ-老母 地 これ 2 (人)

ここの、ジラアプの天、ツェフアズの地。この二人は。

55. 漢語：麗江の土司、木氏の通称。

316. Epv miu seil miugv Rheelaq'epv waq ye,

長老 天 （接2） 天-（尾2） ジラ-長老 である （末9）

長老が天だというのは、天のジラアプだ。

317. Ceilhee'ezzee ddai seil ddiuqloq gge ezzee chee gvl seiq,

ツェフ-老母 地 （接2） 地-（尾3） （構4） 老母 これ （人） （末3）

ツェフアズが地というのは、地上のこの老母だ。

318. Ei, ddilyi ddeeq gge miu, ddilyi seil ddiuq maf,

え ［第一］ 大きい （構4） 天 ［第一］ （接2） 地 （末1）

え、第一に大いなる天、第一は地だよ。

319. Teegguq nal seil, e:, gaizhualggee gge el ei, pvlaq, zuil rua

それ-（後） （接1） （接2） あー 間-（所） （構4） （副2） （末8） 神 ［最］ すごい

gge chee zhua,

（構4） これ ［種］

その後は、あー、その間のは。だろ？ 神、最もすごいこの類の。

320. A:, chee zhua lei chvq pil seil rhuq gge zuil yumiq gge rhuq,

あー これ ［種］ （副6） ［除］ （態4） （接2） 山 （構4） ［最］ ［有名］ （構4） 山

chee zhua, a:

これ ［種］ あー

あー、この類を除いては、山の最も有名な山。こういう類の。あー。

321. Chee zhua biuq neiq muq maq, miu chee,
これ　［種］　祀る　（態3）　（末1）　（末1）　天　これ

こういうのを祀っているんだ。この天は。

322. Ei: chee heif moq.
えー　これ　（態1）　（末1）

えー、こうなんだな。

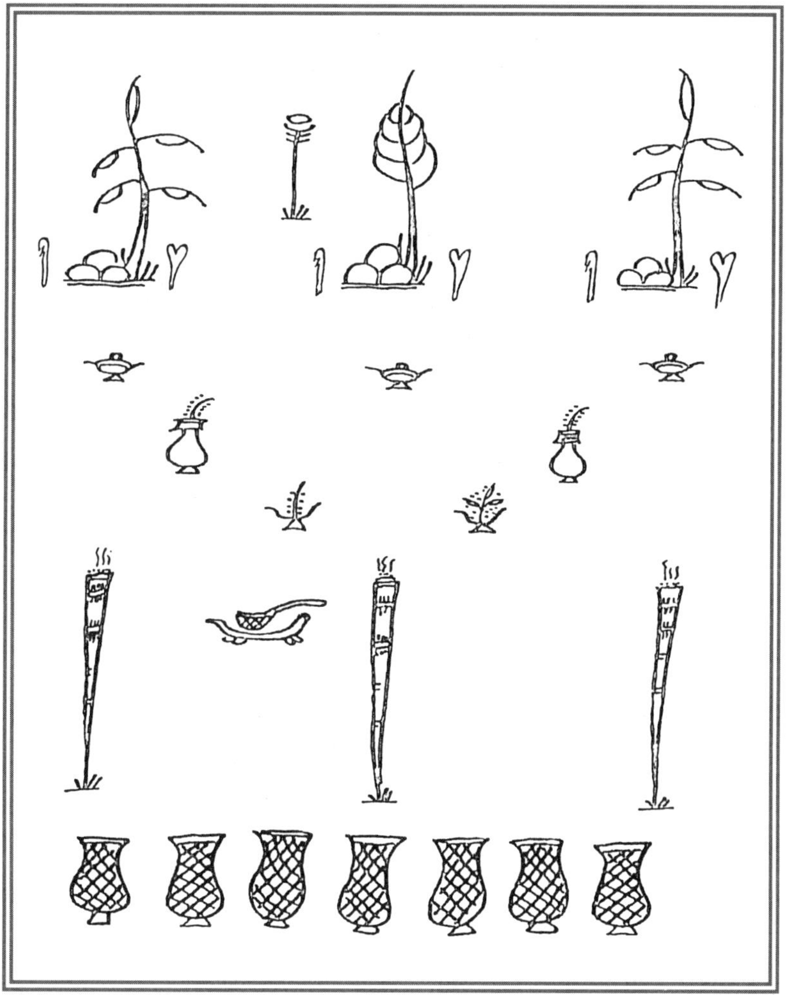

天を祀る祭壇と供物の位置図　《Naxi and Moso Ethnography》（チューリヒ民族学博物館、1998年）175ページの図より作成

解説　**ナシ族の宗教と神話**

ナシ族の住む地域と暮らし

ナシ族は、彼らの話す言葉から見ると、チベットやミャンマーの人々と共通性があるとされ、歴史的にはチベット系の遊牧民族であった羌人《きょうじん》の末裔《まつえい》だと言われています。羌人は、古代に中国西北部で遊牧を行っていた人々で、その後、数千年にわたって次第に南下し、中国西南部の様々な民族の源流になったとされます。ナシ族以外にも、四川省や雲南省を中心とした地域に住んでいる、チャン族、イ族、リス族、ハニ族などの民族は、いずれもその子孫だと言われています。現在のナシ族の人口はおよそ30万人とされていますが、その中には文化的にはかなり異なる集団である約４万人の「モソ人」と呼ばれる人々も含まれています。モソ人は、男性が夜の間だけ相手の女性を訪ねる通《かよ》い婚《こん》の習俗があることで知られていますが、モソ人以外のナシ族にはそのような習俗はありません。

ナシ族が住んでいるのは、海抜2400メートル前後の麗江《リージャン》市を中心とする地域です。この地域は山や谷が多い複雑な地形を見せていますが、その中でナシ族が住んでいるのは、周囲を山に囲まれた山間の平地です。ここに大研鎮《ターイェンちん》(2003年に古城区と改称)と呼

チャン族

イ族

リス族

中国の切手から

ばれる街があり、これがナシ族の生活する地域の中心地です。ここでは商工業を営む人々も多く、特に近年は大規模な観光開発が進められ、街の様子は日々変化しています。街からは玉龍雪山という万年雪を頂く雪山が見え、この山はナシ族の精神的なシンボルにもなっています。

大研鎮は、新市街と旧市街とに大きく分かれ、新市街では広い街路の両側に銀行やホテルのビルが立ち並んでいますが、一方の旧市街では瓦屋根の木造家屋の間を、昔ながらの石畳の路地が迷路のように交差しています。近年でこそ、旧市街の一部でも観光開発が進み、夜遅くまで営業する観光客相手のバーや土産物屋《みやげものや》などが増えましたが、一般のナシ族の人々が住むところでは、日中は道端に腰を下ろして延々と世間話に興じる老人たちの姿も見られ、夜も早々と休むのが普通で、ゆったりとした時間が流れています。

大研鎮は、ナシ族の住む地域の中ではもっとも漢民族の割合が多いところです。また、観光客が接することの多いホテルや観光施設で働く人々は、どちらかと言えば外から来た漢民族やペー族が多いようです。そのため、大研鎮で用いられる言葉も、漢民族の話す漢語やその雲南方言と、ナシ族の話すナシ語が混在しており、ナシ語の中でも多くの漢語の単語が借用語として使われています。

一方、大研鎮を取り囲む農村部では、観光開発の

中国の切手から

ハニ族

ナシ族

麗江・大研鎮の新市街から見る玉龍雪山(2003年)

麗江・大研鎮の旧市街

影響も少なく、ほとんどのナシ族は農業を営んで暮らしています。実際にはナシ族の人口のほとんどは、このような農村人口によって占められています。農村部のナシ族は、牛や豚、ニワトリなどの家畜を養い、田畑を耕して小麦や大麦、水稲を植えたり、ジャガイモや野菜を作ったりして暮らしています。一部の観光スポットを除いては、普段は観光客が訪れることも少なく、村落は比較的平穏です。また、観光業を目当てに外地から流入する他の民族も少ないため、農村部の日々の暮らしでは、主としてナシ語が使われています。

麗江近郊のナシ族民家

三壩郷

本書の物語を語ってくれた和志本《ホォチーベン》さんが住んでいるのは、麗江市の北に位置する中甸《チョンディェン》県(現シャングリラ県)の南部にある三壩《サンパ》郷というところです。中甸県は迪慶《ディーチン》チベット族自治州に属し、そのほとんどが標高3000メートルを超えるチベット族の居住地です。三壩郷は、行政上は中甸県に含まれていますが、中甸県の中心にある街(中心鎮)から麗江の大研鎮へ向かう途上に位置するナシ族の居住地です。住民の多くはナシ族ですが、そのほかにチベット族やイ族も住んでいます。ここはかつて高名なトンパが輩出した土地と言われ、トンパ教の「聖地」とも言われています。

ところで、現在のナシ族の生活は、全体的に見れば漢民族の文化の影響を大きく受けています。一部の地域を除き、若者が民族衣装を日常的に着ること

【麗江・三壩・中甸の位置関係】

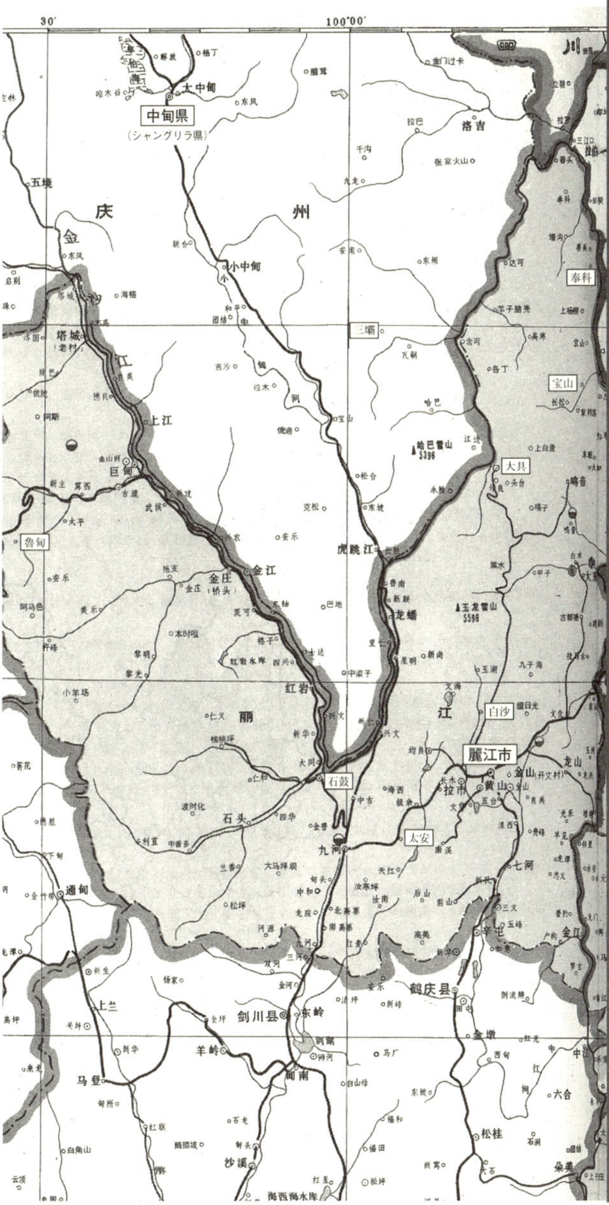

麗江のナシ族の民族衣装

三壩郷のナシ族の民族衣装

は今ではほとんど見られなくなりました。大研鎮やその周りの農村部では、女性に限って民族衣装が見られますが、着ている人の年齢はおよそ70歳代以上が中心です。これ以外の華やかな民族衣装を着ている若い女性は、観光客向けのホテルや料理店などで働く人たちです。一方で、男性の民族衣装が着られることは、すべての世代を通じてほとんどありません。また、中甸県の三壩郷のナシ族の女性が着る民族衣装は、麗江市内のものとはかなり形が異なります。生地は麻と「ギュパ」(漢語名は「山火草」)と呼ばれるキク科の高山植物の葉に生える毛をつむぎ、合わせて混紡にしたものです。

フアと呼ばれる涼粉

フカレ

フカレを売る春節の市場

　ナシ族の料理はトウガラシを多用した四川や雲南の料理の影響を大きく受けたものですが、中には当地独特の食べ物も見られます。それには例えば、「鶏豆《チートウ》」という豆から作る「フア」や「フカレ」があります。フカレは春節(旧正月)の市場で売られ、お墓参りのお供え物にも使われます。鶏豆は、当地特有の高山性のインゲンマメで、鶏《にわとり》の目のような大きさと形からその名があります。そのでんぷんから灰色のところてんのようなフアを作り(漢語ではこれを「鶏豆涼粉《チートウリャンフェン》」と言います)、そのまま酢や醤油をかけて食べたり、あるいは焼いたりして食べますが、これを乾燥させて揚げるとフカレになります。

　しかし、このような独特の食べ物は比較的珍しいもので、全体的に見ればナシ族の生活文化は漢民族など周囲の民族の影響を色濃く受けたものがほとんどです。その中で、ナシ族独自のものとされ、研究者からもっとも注目されてきたのが、以下に述べるその宗教に関連する文化です。

春節のお墓参り

ナシ族の宗教経典

本書でご紹介したツォゼルグの物語は、ナシ族の宗教経典の中に記されているものです。ナシ族の経典は、一般に「トンバ経典」と呼ばれ、そこで用いられている独得の文字が、「トンバ文字」です。しかし、ナシ族の経典には、この他に量は少ないながらも「ゴバ文字」と呼ばれる文字で書かれた「ゴバ経典」や、これらとはかなり形式の異なる占いに関する経典もあります。「ゴバ文字」は、イ(彝)族の文字に似た音節文字ですが、これを用いて書かれた経典は、ごく限られた一部の地域にしか見られません。また、これらのほかにも、「ラルコ文字」や「マリマサ文字」などと呼ばれる文字があるとされていますが、いずれも一部のナシ族の間にしか見いだされていません。そのため、一般的にはナシ族の経典と文字と言えば、トンバ経典とトンバ文字のことを指すのがほとんどです。

トンバ教典

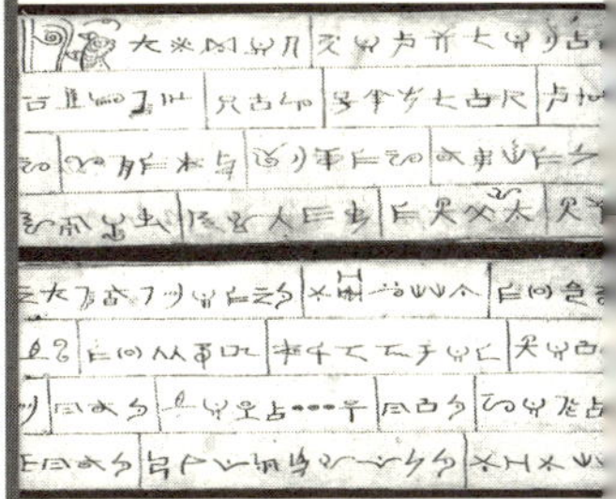
ゴバ教典

トンバ文字は、「生きている絵文字」、あるいは「生きている象形文字」などと呼ばれてきました。トンバ文字は、第一にその絵のような外見が目を引きますが、それ以外にも、一つの文字が指し示す内容が、ある時には音節であったり、ある時には単語であったり、ある時には文であったり、さらにはひとつの段落であったりするという、文字としては非常に不確定な性質が際立った特徴として指摘されています。また、文字が読まれる時の方向は、基本的には左から右なのですが、細かい部分では、上から下へくだったり、下から上へのぼったり、時には右から左へ戻ったりするという性質もあります。これらの不確定な性質のために、トンバ文字で書かれた経典は、すでにその内容を記憶しているトンバにしか正しく読むことができません。

何冊もあるトンバ経典の一字一句を、正しく記憶するには大変な根気と労力が必要です。トンバになることを目指す少年は、幼い頃から師匠のトンバについて文字や経典の読み方を学ばなければなりません。本来、トンバ教には寺院のような施設はなく、トンバのほとんどは普段は一般の農民として生活していました。弟子のトンバは、夜、囲炉裏の明かりを頼りに、師匠から文字の書き方や読み方をひとつひとつ教わったそうです。トンバ抜きではトンバ経典の研究も進めることは不可能で、これまでに研究者によって出版された経典の翻訳や注釈は、基本的には全て経典を前にトンバが朗誦し、それを記録したものなのです。

“ス”を祀る祭壇

トンバ経典は、その経典が用いられる儀礼ごとに区分することができます。トンバ教の儀礼には、天を祭る「祭天」、祖先を祭る「祭祖」、“ス(署)”と呼ばれる龍王を祭る「祭署」、また、死者の種類によっていくつかに分かれる葬送儀礼の「超度」など、数多くの種類があり、その中で複数のトンバ経典が唱えられます。このため、ほぼ同一の内容が書かれた経典が、別の儀礼の中に含まれていることも珍しくありません。また、現在、世界各地の図書館や研究機関に所蔵されているナシ族の宗教経典の総数は、およそ2万冊にのぼるとされ、その種類はおよそ1500種と言われています。

経典研究の歴史

ナシ族の宗教経典が、外の世界から注目されるようになったのは、19世紀の後半のことです。初めてこれを世界に伝えたのは、当時、チベットと中国の境界で布教活動を行っていたキリスト教の宣教師や、この地域を探検していた西洋の探検家でした。その後、1920年代から、オーストリア生まれで後にアメリカに移住した学者、ジョゼフ・ロックによる研究が行われます。ロックは、ナシ族の研究においては現在でも最も重要な研究者に数えられています。

ロックは、当初は植物学者として雲南を訪れますが、ナシ族の宗教経典に出会うとその魅力にとりつかれてしまい、収集と研究に没頭します。ロックは、

チベット族の冬の衣装を身につけたジョゼフ・ロック

1922年から1949年までの長期間にわたってこの地域を中心に探検や調査を行いながら、8000冊を超えると言われるナシ族の宗教経典を収集し、それについての翻訳や研究を残しました。

方国瑜著『納西象形文字譜』

李霖燦著
『麼些象形文字標音文字字典』

一方、1930年から1949年までの時期には、中国人による研究も見られるようになります。ナシ族で歴史学者の方国瑜は、後に『納西象形文字譜』として出版されることになる字典の原著を著しています。また、杭州で絵画を学んでいた李霖燦は、雲南でナシ族の経典とその文字に出会い、自身で収集した経典の翻訳や研究を行い、字典も作成しました。彼の著作の大部分は、戦後に移り住んだ台湾で出版されています。

中華人民共和国が成立して以降の中国大陸では、1954年から、麗江県文化館と呼ばれる組織において、博識なトンバを招いて経典の翻訳作業が行われます。しかし、その後まもなくおとずれる文化大革命の時期になると、古いものを徹底的に破壊しようとする社会風潮の中で多くの経典が焼かれたといわれ、研究も完全に停止してしまいます。経典の研究が再開するのは、1976年の文化大革命収束以後のことになります。1981年、麗江には東巴文化研究室が開設され、農村部から博識なトンバを招いて経典の翻訳作業が行われ、その成果が少しずつ公にされていきました。のちに同研究室は研究所に昇格し、その成果は1999年から2000年にかけて出版された、全

100巻にのぼる大著、『納西東巴古籍訳注全集』として結実することになります。

この『全集』には、経典の冊数にして合計897冊が含まれています。これまでに公刊されたナシ族の経典の翻訳と注釈のうち、特にナシ語の読音の記述が含まれているものを、経典の冊数という点から見ると、ロックのものは短いものを含めてもおよそ135冊、李霖燦によるものは合計 9 冊、麗江県文化館によるものは合計22冊、1980年代に出版された東巴文化研究所によるものは合計14冊ですから、これらに比べて『全集』における経典の冊数がいかに膨大なものであるかが分かります。

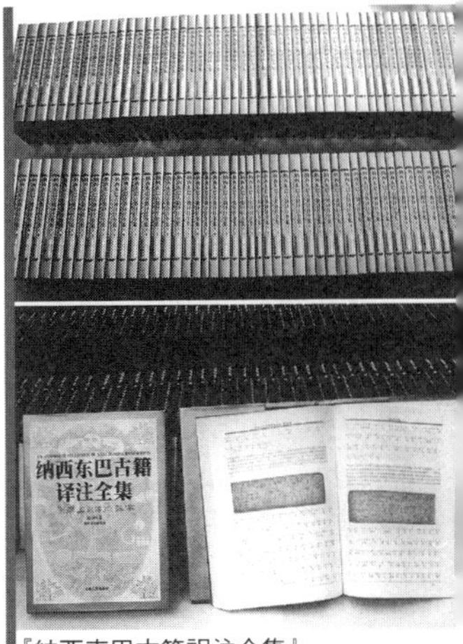

『納西東巴古籍訳注全集』

経典の成立年代とトンバ教の源流

ナシ族の宗教経典はいつごろ成立したものなのでしょうか。それについて、最も確実な手がかりとなり得るのは、書かれた年代が記されている経典の存在です。李霖燦は、1956年にアメリカの国会図書館に所蔵されているナシ族の経典を調べ、その結果を論文にまとめています。それによれば、年代が書かれている経典の数は非常に少なく、同図書館の3038冊のうちの61冊だけで、経典に年代が書かれること自体が非常にまれであることが分かります。

その中で、年代が確認できる最も古い経典は、1668年、中国の年号で言えば清朝の康熙七年(戊申)

李霖燦が根拠としてあげたトンバ経典。１行目に年号と解釈できる文字がある。

のものであるということです。李霖燦がその根拠としてあげているのは、経典にトンバ文字で書かれた記述であり、その中の二つの文字、「」(ナシ語で“ka《カ》”：意味は「苦い」、“shee《シ》”：意味は「肉」)が、漢語による「康熙」の発音(Kāngxī《カンシー》)に当てたものであると解釈しています。さらに、それが康熙の何年であるかということについては、すぐ下の行にあるトンバ文字が「六月二十二日、土牛の日に書いた」と解釈できることから、６月22日が「己丑(つちのとうし)」になる康熙七年がその年であると結論づけました。しかし、これはあくまで一つの解釈であり、異説を唱える学者もいます。

一方、ロックも書かれた年号と日付がある経典について述べており、それは1573年９月17日(明・万暦元年の８月14日)であるとしています。しかしこれに対しても、それは1752年か1753年のことであるという異説を唱える学者がいます。また、近年では、西欧の図書館に現存するナシ族の経典の表紙を比較する方法によって、これらの経典のほとんどが19世紀の後半に書かれたものであるとする研究もあります。もちろんそれだけでは古い時代の経典の存在を完全に否定することにはなりませんが、もしそれが正しいとすれば、多くのトンバ経典の歴史はかなり新しいことになります。

ところで、宗教としてのトンバ教はいつどのようにして生まれたのでしょうか。その起源については、ほとんどよく分かっていないというのが実際のところです。これまでに行われた研究でもさまざまな説が提出されていますが、その中で特に重視されているのはチベットの原始宗教であるボン教との関係であり、トンバ教の起源そのものが、ボン教にさかのぼるという考え方もあります。しかしトンバ教には、土着の原始的な宗教や、一般に「ラマ教」と呼ばれるチベット仏教、さらに中国の仏教や道教などとの関連も認められていますし、イ族の宗教や宗教経典との類似点も指摘されています。このような点から見ると、トンバ教は、どちらかと言えば周囲のさまざまな宗教を吸収して成立したという見方が妥当なようです。

麗江のチベット仏教寺院 文峰寺

トンバ教の現状

現在、ナシ族の居住するほとんどの地域では、トンバ教はほぼ完全に宗教としての機能を失っていま

大具郷

宝山郷

石鼓鎮付近の金沙江畔に立つ著者

経典の復元作業を行う和志本さん

す。麗江市の中心地である大研鎮では、早くから漢民族の文化の影響を受けて、ナシ族独自の文化は衰退してきたと考えられますが、ナシ族の伝統的な習俗がより多く残っているとされる農村部でも、宗教儀礼を取り仕切ることができるトンバは高齢化し、次々と世を去っています。麗江県内では、研究や観光を目的とした場合を除いては、実際にはトンバ教の儀礼は行われていないのが現状です。

1997年から2000年の間、私は大研鎮をとり囲む平野部に位置する白沙郷や太安郷、また大研鎮から北上した山間部に位置する大具郷、宝山郷、奉科郷、さらに大研鎮から北西方面に位置する魯甸郷などの農村部を相次いで訪問しましたが、多くの場合、トンバは高齢化のためにもはや儀礼を執り行えなかったり、それぞれの土地にわずかに残っていたトンバも数年前に亡くなったと聞くことがほとんどでした。現在、トンバ教の「聖地」とされる中甸県の三壩郷やその周辺で、復活したトンバ教の儀礼が行われているのを除き、ほとんどのナシ族の居住地域では、トンバ教はすでに過去のものとなっているのです。

ほとんどの地域でトンバ教が消滅している原因としては、多くの経典が焼かれた文化大革命時期の打撃が大きいとされていますが、その後、一部には復活の動きがあるにもかかわらず、それは現実には順調に進んでいません。かつて李霖燦は、麗江の農村部でトンバの儀礼を観察していますが、そこではすでに古い典型的なものが十分に保存されておらず、失望したと述べています。このような李霖燦の記述からは、すでに1940年代初めの農村部においても、トンバの行う儀礼は衰退していたことがうかがえます。

近年の麗江では、宗教経典の記録や翻訳だけでなく、消滅の危機にあるトンバ教そのものを次の世代へ継承させようという模索が始まっています。1990年代の後半からは、「東巴文化伝習班」などと名づけられたトンバ文化の伝習組織が設立されました。これらの組織は2000年までの時点ですでに15ほどあり、基本的なトンバ文字の学習や舞踊の伝習などが行われ、一部ではトンバ経典の暗誦といった高度な内容も行われています。

若い世代のトンバ 和国耀さん

ナシ族の神話と経典の関係

本書でご紹介したツォゼルグの物語は、トンバ経典に記されたナシ族の創世神話の中に含まれているものです。この経典には『Coq《ツォ》 bber《バ》 tv《トゥ》（人の来歴）』というタイトルが付けられており、祭天など複数の儀礼において用いられます。中国における漢語への翻訳では、このタイトルは、『創世紀』や『人類遷《せん》徙《し》記』などと訳されています。この経典にはツォゼルグの物語以外にもいくつかの神話のモチーフが含まれており、それらは混沌から宇宙が発生するモチ

トンバ経典『Coq bber tv』の表紙

ーフや、卵から様々なものが生まれる「卵生神話」のモチーフ、また死体から様々なものが生まれる「死体化成神話」のモチーフなどです。

ツォゼルグの物語は、『Coq bber tv』の中で最も大きなウエイトを占めている部分ですが、この物語を構成するいくつかのモチーフは、必ずしもナシ族独自のものと言えるわけではありません。そもそも人類の起源にかかわる洪水神話は世界中に分布するものですし、ツォゼルグの話と類似した洪水神話は周辺のイ族などにも見られます。

本書でご紹介したツォゼルグの物語は、ナシ族のトンバが、トンバ経典に記された物語を、現在も使われている分かりやすいナシ語で語ってくれたものです。トンバ経典は特有の難解な言葉で記されており、それは一種の文語であるとも言われます。経典の言葉は、5音節や7音節など、一定の音節数からなる句の連続として語られるものなのですが、必ずしもすべてが同じ音節数になっているわけではありません。音節数を整えるために、よく似た内容の繰り返しも多く見られ、結果として、テクスト全体が長くなる傾向があります。

経典の言葉には現在のナシ語では使われない「古語」が含まれるとされていますが、必ずしもそれが古い語彙であるという確証があるわけではありません。その使用頻度は必ずしも高いものではありませんが、その半数は周辺の同系の諸言語や方言に関連

p'ərɹ naɹ lɯɹ kæɹ tʂuɹ, sɹɹ k'aɹ luaɹ meɹ baɹ,

白　黒　交界処　梅子　老梅花

pʻurɹ naɹ ʐɯɹ kæɹ tʂoɹ, sɯɹ kʻaɹ ʐwaɹ moɹ baɹ,

白　黒　地　結界　――――　花

「白黒の接する所、ルァモの梅の花」にあたる部分のトンバ文字とその解釈。音声記号でナシ語の読み音が記され、さらに漢語で逐語訳がつけられている。左は和雲彩の誦経・和発源の翻訳、右は和才の誦経・李霖燦の翻訳。左の解釈では、ナシ語の発音「ルァメ」を漢語の「老梅《ラオメイ》」の借用とし、右の解釈では「スカルァモ」全体を固有名詞としている（下線は固有名詞のしるし）。ちなみに左のトンバ文字の は、もともと解けた縄の絵で「解ける（ナシ語で“パ”）」の意だが、ここでは同音の「白い（“パ”）」の発音を示す。また、 は、チベット文字“ན”の借用で「ナ」の発音を示す。また、右のトンバ文字の は、もともと口から物を出した絵で、「苦い（“カ”）」の意だが、ここでは「スカルァモ」の「カ」の音を示している。

を持つという特徴があります。

同じ内容を記した複数の経典のテクストを比較してみると、テクスト自体の混乱やその解釈の混乱が見つかることがあります。これは、比喩的な語彙の使用によって、文全体の意味が曖昧になって起こったと考えられるものもあれば、句の音節数を整えるために文法的な要素を省略したことにより、文の意味が曖昧になって起こったと考えられるものもあります。このような経典の文における意味の曖昧さは、つまりは解釈の難解さにつながるものです。そのため、たとえ日頃からナシ語を用いて生活しているナシ族であっても、トンバが伝承する特殊な経典の知識を持たない者にとっては、経典の言葉のすべてを正確に理解することはきわめて困難なのです。

本書での語りの中でも、トンバ経典の中の一節が引用されることがしばしば見られます。例えば、「白黒の接する所、ルァモの梅の花、八ヶ月に二回咲く」（Perq《パ》 nal《ナ》 lee《ル》 gaizhu《カチュ》, seiqka《セカ》 luamoq《ルァモ》 bbaq《バ》, hol《ホ》 hei《ヘ》 ni《ニ》 jju《ジュ》 bbaq《バ》.）といった文句はトンバ経典からの引用です（34ページ）。もっとも、語りにおける引用はどこまでが引用でどこからが語り手の言葉なのかがはっきりしないこともありますから、本書の翻訳では読みやすさに重点をおいて訳しました。このような語りに入り込んでいるトンバ経典の文句は、一定の音節数の韻文として暗記されているものであり、その具体的な意味にはあまり重点が置かれない傾向があるようです。そのため、これらを漢語に翻訳した複数の書物を比較すると、経典を唱えたトンバやその翻訳者によって、解釈の食い違いが見られることもしばしばあります。例えば、この句における「ルァモ」については、そのまま固有名詞のように訳すものもあれば、漢語の「老梅《ラオメイ》」とするものもあり、あるいは「花」とするものもあります。このように、経典にはナシ族の学者の間でも見解の一致しない、非常に難解な語句や内容が含まれているのです。

また、本書の語りには『ツォバサ』などの異なる経典のタイトルも登場します（72ページ）。『ツォバサ』にもツォゼルグとツェフボボが登場しますが、その内容は、天から地上に戻って以降のいきさつに重点が置かれています。このような様々な種類の経典を暗記していることは、儀礼を司るトンバとしての高い能力を示すものです。

梅酒(左)とナツメ酒

語りに見られる文化と自然

本書でご紹介したツォゼルグの物語では、その冒頭に、ムゼツツからツォゼルグに至るナシ族の祖先の系譜が出てきます。この部分はトンバ経典のテクストでは、ムゼツツに至る前から連続しているものなのですが、同じ名前の経典でも異なるテクストを比較すると、それぞれの名前にはかなりの食い違いが存在します。また、本書での語りに見られるように、これらの名前は、前の代の名前の最後の二音節が、次の代の名前の初めの二音節に一致する形式をとっています。このような、父の名前の一部を子の名前に継承する方式は「父子連名制」と呼ばれ、中国西南に居住するイ族やハニ族などに見られる文化的な特徴であると言われます。トンバ経典に見られるこれらの名前は、ナシ族にもこの習俗が存在した一例として挙げられるものですが、これが現在のナシ族にも一般的に見られるわけではありません。

犏牛に乗った戦闘神
(『東巴文化芸術』雲南美術出版社、1992年 から)

　雲南は、チベット高原から東南アジアの低地に至る中間に位置し、その複雑な地形によって自然環境も多様です。本書の語りの中でも、そこに見られる様々な動植物が登場します。家畜としては、ブタ、羊、犬、ニワトリはもちろん、チベット高原に見られる大型の牛であるヤク、ヤクと牛との交配種である“犏牛《ピエンニュウ》”も登場し、野性動物としてはトラや、岸壁を自在に行き来する青羊《あおひつじ》(バーラル)なども出てきます。植物としては、梅、栗、コノテガシワなどが宗教的にも重要なようです。これらの動植物を表すトンバ文字は、それぞれ写実的な文字になってい

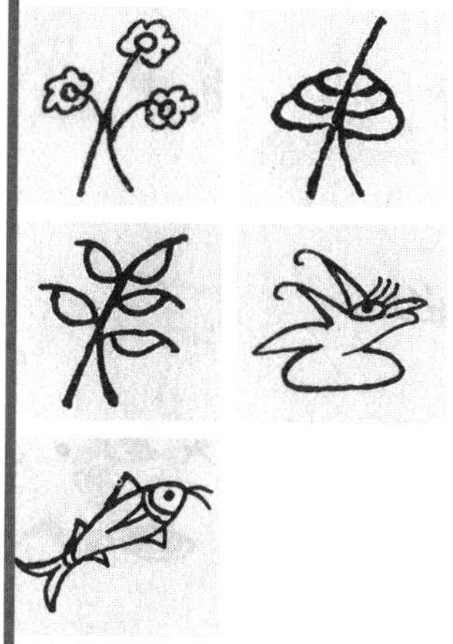

トンバ文字
左　上から梅、栗、魚
右　上からコノテガシワ、青羊
(『納西象形文字譜』から)

中甸のチベット族

麗江のペー族

チベット族

ペー族

中国の切手から

ます。一方、雲南は長江やメコン川といった大河の源流が流れているものの、海には接していないため、日々の生活の中で登場する水産物はあまり多くはありません。魚は本書の語りにも登場していますが、その種類までは明らかでなく、トンバ文字でも魚は単に魚として描かれる程度で、その種類まで記されることはないようです。

本書の語りの終わり近くに語られる、ツォゼルグとツェフボボの三人の息子が、それぞれチベット族、ナシ族、ペー(白)族になるくだりは、ナシ族自身の考える民族的な位置づけが表れているとされます。すなわち、トンバ教自体にも大きな影響を与えているチベット族には長男としての敬意を払い、ナシ族はそれにつぐ次男で、より漢族の影響を受けているペー族は一番末っ子というわけです。なお、一方ではペー族を漢族とするテクストもあり、実際、ペー族は非常に強く漢文化の影響を受けていますから、ナシ族から見れば両者の区別はあまりないのかもしれません。

この部分の兄弟の序列が持つ意味はさておき、ここに表れている周辺民族との関係は、ナシ族がおかれてきた歴史的な状況とも関連がありそうです。ナシ族の生活してきた地域は、古くは唐の時代から、唐、吐蕃《とばん》(チベット)、イ(彝)族やペー(白)族の祖先で構成されていた南詔《なんしょう》国といった、複数の強国の間の緩衝地帯でした。宋の時代にはペー族の祖先が建てた大理《だいり》国の支配地域となり、続く元代には、ナシ族の首領はフビライの蒙古軍に投降し、その支配を受けるようになります。さらに明代と清代には、中国王朝の支配下にしっかりと組み込まれてゆきます。経典に見える三兄弟のモチーフには、このようなナシ族を取り囲む複雑な政治状況が反映していると言えそうです。もっとも、雲南に住むイ族の洪水神話のテクストにも、これとよく似た三兄弟が登場し、それぞれ、“カ”の人々(イ族の支系)、イ族、漢族になるというものがありますから、雲南のように民族的に複雑な地域では、このような語られ方自体はさほど珍しいものではないのかもしれません。

三壩郷の祭りにはイ族も繰り出す

本書の語りの最後には、「祭天(Meebiuq《ムビュ》)」の儀礼が語られています。祭天は、トンバ教の中で最も重要な儀礼とされるもので、一般的には旧暦の正月に行われる春の祭りです。祭天の儀礼では、祭天壇が設《しつら》えられます。祭天壇の中央には栗の枝二本とコノテガシワの枝一本が置かれ(松、栗、コノテガシワとするものもあります)、その前に大きなお香や、米の入った籠、供物の豚などが供えられます。本書の語りの中では、この二本の栗はジラアプとツェフアズ、すなわち天と大地を表し、中心のコノテガシワは至高の神を表すものと考えられているようです。一方で、これらが「天、地、人皇」を表すという説、すなわち中心が王を表すという説もあるようですが、本書の語りではそのような説は否定されて

祭天壇

います。なお、祭天はトンバ教の儀礼の中で重要な位置を占めるものとされていますが、一方では、この儀礼はトンバ教独自のものというよりは、もともとナシ族にあった祭天の習俗を、後でトンバ教がその中に取り込んだのではないかという説もあります。

ナシ語の現在、多文化の共生

本書での語りは、経典に記された記述をもとに、現在も話し言葉として用いられているナシ語で語られたものです。言葉としてのナシ語は、系統的には、イ語などと同じく、シナ・チベット語族のチベット・ビルマ語派に含まれます。したがって本来のナシ語は、漢族の話す漢語とは大きく異なる言葉ですが、ナシ族の居住地域が中国王朝の支配に組み込まれるに従い、ナシ族の間では次第に漢民族化が進行してゆき、現在では、麗江のナシ族はほぼナシ語と漢語のバイリンガルであると言えます。また、現在のナシ語の中には多くの漢語からの借用語が含まれており、ナシ語自体が漢語化している側面もあるわけですが、まだまだ両者の使い分けは存在します。

麗江の中心部では、ナシ語はナシ族の家庭内での会話など、主に私的な場面に用いられ、書き言葉や公的な場面での会話には漢語が用いられます。しかし、ナシ族と漢族やペー族など他の民族との婚姻も珍しくなく、そういう家庭の子供は漢語しか話せな

ナシ語の教科書「算数」第四分冊

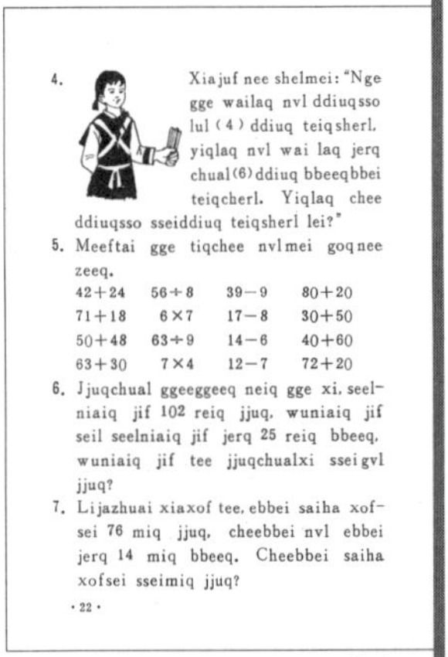

4. Xiajuf nee shelmei: "Ngge gge wailaq nvl ddiuqsso lul (4) ddiuq teiqsherl, yiqlaq nvl wai laq jerq chual(6)ddiuq bbeeqbbei teiqcherl. Yiqlaq chee ddiuqsso sseiddiuq teiqsherl lei?"

5. Meeftai gge tiqchee nvlmei goqnee zeeq.

42+24	56÷8	39−9	80+20
71+18	6×7	17−8	30+50
50+48	63÷9	14−6	40+60
63+30	7×4	12−7	72+20

6. Jjuqchual ggeeggeeq neiq gge xi, seelniaiq jif 102 reiq jjuq, wuniaiq jif seil seelniaiq jif jerq 25 reiq bbeeq, wuniaiq jif tee jjuqchualxi sseigvl jjuq?

7. Lijazhuai xiaxof tee, ebbei saiha xofsei 76 miq jjuq, cheebbei nvl ebbei jerq 14 miq bbeeq. Cheebbei saiha xofsei sseimiq jjuq?

・22・

イラストの少女は
ナシ族の民族衣装姿

ナシ語の授業風景

い傾向があります。また、漢語の教育が浸透するに従って子供たちのナシ語離れも加速してゆき、これによって話し言葉としてのナシ語自体が消失してしまうのではないかという危機感が生まれてきました。そのため現在では、子供たちにナシ語を教える授業も始められています。例えば、大研鎮の興仁方国瑜小学では、2001年の９月から正規のカリキュラムとしてナシ語の授業が行われています。

2004年９月、私は興仁方国瑜小学で実際に行われているナシ語の授業を参観することができました。私が参観したナシ語の授業は、基本的にはナシ語と漢語を両方用いた、いわゆるバンリンガル教育の形態をとるものですが、ほとんどの学生は基本的なナシ語は理解しており、授業では漢語と対比させながらそれを運用することに重点がおかれていました。２年生の授業ではイラストを使い、主として音声としてのナシ語を用いることに主眼がおかれ、６年生の授業ではトンバ文字とナシ語のローマ字を平行して書きながら、文字についての教育が行われていました。

漢語から多くの借用語を取り込みながら存在する現在のナシ語にしろ、チベット仏教、ボン教、中国仏教、道教などの要素を取り込みながら成立していったトンバ教にしろ、これらは複数の文化を巧みに受容してゆくナシ族文化の性質を示しているものと思われます。ナシ族の食卓には、フカレのような独

バター茶も並ぶナシ族の食卓

中甸の市場で売られるバター（右端）とチーズ（左）

直径30cmを超える月餅。あんはアズキ。白ゴマをたっぷりふりかける

にぎやかなナシ族家庭の夕食風景

特の食べ物のほかに、漢族の影響を強く受けた料理が数多く並び、さらにはチベットの影響によるバター茶も並びます。このように周囲の複数の異文化を取り込んでゆくことは、複雑な政治的・民族的状況に生きてきたナシ族にとって生きるためにやむを得ないことであったにしろ、結果的にはこのような文化の融合が一つの多文化共生の姿を見せているとはいえないでしょうか。私が出会った多くのナシ族の人々の、その底抜けに明るい笑いは、それに由来する生命力を表すもののように思えます。

和志本さんのお人柄

本書の物語の語り手である和志本さんは、三壩郷で代々トンバを輩出した家系に生まれた有名なトンバです。これまでに出版されたナシ族やトンバ教に関する研究書でも、高名なトンバである「大トンバ」として紹介されています。和志本さんにお会いしたことのない人にとっては、このような宗教者としての肩書きや、独自の文化を今に伝える山奥の少数民族でもあることから、あるいはお堅い老人というイメージをもたれるかもしれません。しかし、実際の和志本さんの人柄は、そのようなイメージとは大きく違った親しみやすいおじいさんです。

初めて私が三壩郷を訪れたとき、私の話すナシ語はまだ十分ではありませんでした。語り手からすれば、この程度のナシ語しか話せない外国人の若造に一体何ができるのだと疑われても仕方のない状況なのですが、和志本さんは全くもったいぶらずにナシ語の録音を取ることを承諾してくださいました。それだけでなく、録音をとる合間の一休みにタバコを一服しながら、トンバや経典の話だけでなく、ざっくばらんな最近の村の話などをお話ししてくれ、さらに話は日本の風俗などにも及びました。またそのころ三壩郷では二日に一日しか電気が使えませんでしたが、電気のある夜は決まってテレビの連続ドラマを見においでと誘ってくださいました。夜は部屋で資料の整理などしようと思っていた私に、「連続ドラマが見られなかったら惜しいだろう」とおっしゃるほど、和志本さんはテレビが好きなご様子でした。

こう書くと、なんだ神話の語り手もテレビを見るのかとがっかりされる方もいらっしゃるかもしれません。一般的には、テレビの普及は神話や昔話の語りの場を壊した元凶だと思われているのですから。しかし、このような楽しめるものは何でも楽しもうという姿勢は、和志本さんだけでなく、周囲の多様な文化を取り入れてきたナシ族の柔軟性でもあると思われます。そればかりか、ナシ族の老人の中には英語が達者なおじいさんも意外に多くいますし、その英語を使って外国人と交流することを老後の趣味にしている方もいます。そうなれば当然、世界の情勢にも敏感になります。伝統文化を伝承する担い手

旅行者向けレストラン、アリババカフェの店構え（麗江・大研鎮の新市街）

は、現代文明を拒絶した山奥の村で、独自の生活を守りながら気難しく暮らしているというようなイメージは、現代文明側の我々が一方的に抱いている幻想でしかないのではないでしょうか？

雲南省北西部の地形

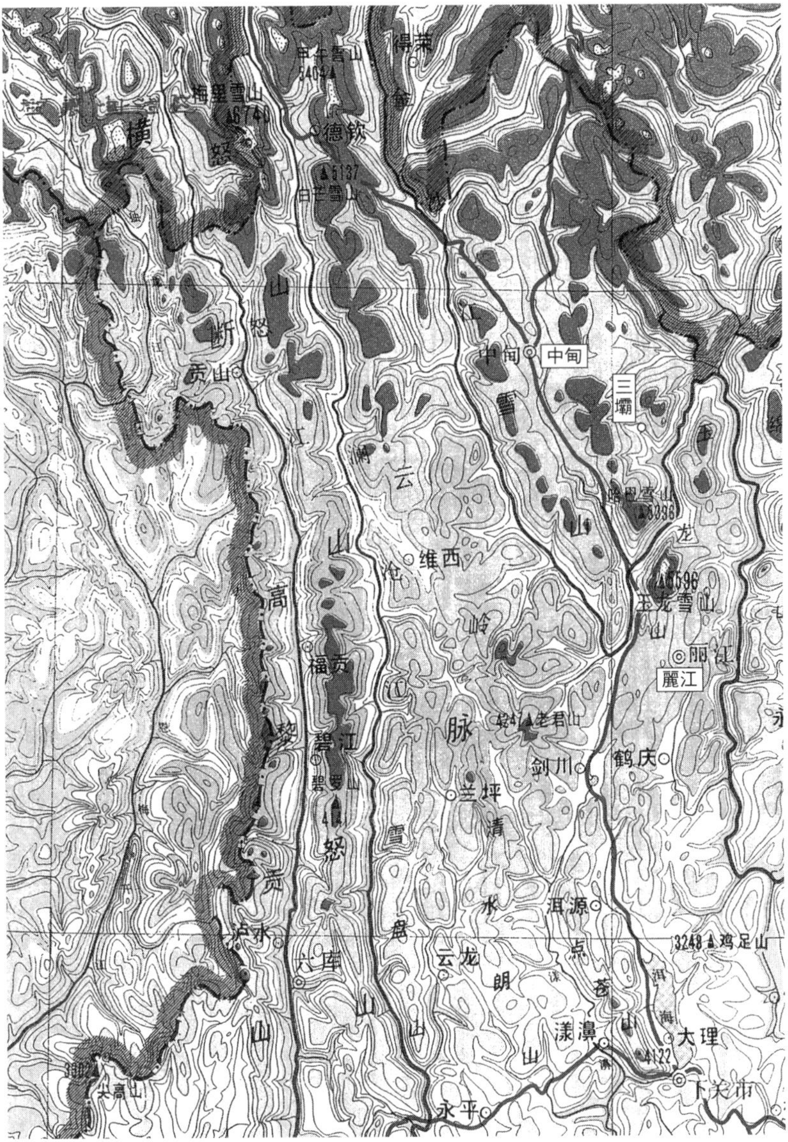

チベット高原から南北に伸びる横断山脈に沿って、西から怒江(サルウィン川の上流)、瀾滄江(メコン川の上流)、金沙江(長江の上流)が深い峡谷を刻む一帯は「三江併流」と呼ばれ、2003年、世界自然遺産に登録された。雲南最高峰・梅里雪山は海抜6740m。中甸の標高は3288m。

■主要参考文献 ■■■■■

英語文献

Bockman, Harald. 1989. “The Typology of the Naxi Tomba Script”, *Ethnicity and Ethnic Groups in China* (Chiao, Chien and Tapp, Nicolas, eds.), pp.149-156, Hong Kong: New Asia Academic Bulletin, 8.

Jackson, Anthony. 1965. “Mo-so Magical Texts” *Bulletin John Rylands Library*, 48(1), pp.141-174.

Jackson, Anthony. 1979. *Na-khi Religion: An Analytical Appraisal of the Na-khi Ritual Texts*. The Hague: Mouton.

Jackson, Anthony and Pan, Anshi 1998. “The Authors of Naxi Ritual Books, Index Books and Books of Divination” *Naxi and Moso Ethnography* (Oppitz, Michael and Hsu, Elisabeth eds.), pp.237-273, Zürich: Völkerkundemuseum Zürich.

Pan, Anshi. 1998. “The Translation of Naxi Religious Texts” *Naxi and Moso Ethnography* (Oppitz, Michael and Hsu, Elisabeth eds.), pp.275-309, Zürich: Völkerkundemuseum Zürich.

Rock, Joseph. F. 1935. “The Story of the Flood in the Literature of the Mo-so (Na-khi) Tribe” *Journal of the West China Border Research Society*, 7, pp.64-82.

Rock, Joseph. F. 1963. *The Life and Culture of the Na-khi Tribe of the China-Tibet Borderland*. Wiesbaden: Steiner.

Rock, Joseph. F. 1963. *A Na-khi English Encyclopedic Dictionary*, Part I. (Serie Orientale Roma 28). Roma: Istituto Italiano per il Medio ed Estremo Oriente.

Rock, Joseph. F. 1972. *A Na-khi English Encyclopedic Dictionary*, Part II. *Gods, Priests, Ceremonies, Stars, Geographical Names*. (Serie Orientale Roma 28). Roma: Istituto Italiano per il Medio ed Estremo Oriente.

中国語文献

方国瑜・和志武1981『納西象形文字譜』昆明：雲南人民出版社。

傳懋勣1941「維西麼些語研究(續)」『中國文化研究所集刊』（華西協合大学）2, pp.72-135。

傳懋勣1948『麗江麼些象形文‘古事記’研究』武昌：武昌華中大学。

傳懋勣1984『納西族図画文字《白蝙蝠取経記》研究(下冊)』（アジア・アフリカ語の計数研究23）東京：東京外国語大学アジア・アフリカ言語文化研究所。

郭大烈1985「関於東巴文化及其研究」『東巴文化論集』pp.1-15, 昆明：雲南人民出版社。

和士成・和発源1999-2000「超度死者・人類遷徙的来歴・上巻」『納西東巴古籍訳注全集56』pp.141-172, 昆明：雲南人民出版社。

和士成・和発源1999-2000「超度死者・人類遷徙的来歴・下巻」『納西東巴古籍訳注全集56』pp.173-205, 昆明：雲南人民出版社。

和士成・和力民1999-2000「禳垛鬼儀式・人類起源和遷徙的来歴」『納西東巴古籍訳注全集24』pp.129-195, 昆明：雲南人民出版社。

和即貴・和宝林1999-2000「大祭風・創世紀」『納西東巴古籍訳注全集80』pp.1-65, 昆明：雲南人民出版社。

和即貴・李英1999-2000「除穢・古事記」『納西東巴古籍訳注全集39』pp.155-227, 昆明：雲南人民出版社。

和即仁・和志武1988「納西族的社会歴史及其方言調査」『納西族社会歴史調査(三)』 pp.118-193, 昆明：雲南民族出版社。

和即仁・姜竹儀1985『納西語簡誌』北京：民族出版社。

和開祥・李例芬1999-2000「関死門儀式・人類的起源」『納西東巴古籍訳注全集53』pp.97-154, 昆明：雲南人民出版社。

和雲章・和品正1999-2000「退送是非災禍・創世紀」『納西東巴古籍訳注全集35』pp.327-402, 昆明：雲南人民出版社。

和志武1986『COQ BBER TV(創世紀)』昆明：雲南民族出版社。
和志武1987『納西語基礎語法』昆明：雲南民族出版社。
姜竹儀1980「納西語概況」『民族語文』1980-3, pp.59-73。
李国文1997『東巴文化辞典』昆明：雲南教育出版社。
李霖燦1972『麼些象形文字・標音文字字典』台北：文史哲出版社。
李霖燦1984『麼些研究論文集』台北：国立故宮博物院。
李霖燦1958「美国国会図書館所蔵的麼些経典——一個初步的報告研究」『民族学研究所集刊』6, pp.131-165。
李霖燦2001『納西族象形標音文字字典』昆明：雲南民族出版社。
李霖燦・張琨・和才1978『麼些経典譯註九種』台北：国立編譯館中華叢書編審委員会。
馬学良1994「彝族洪水故事長篇語料釈例」『藏緬語新論』pp.249-283, 北京：中央民族学院出版社。
雲南省地方誌編纂委員会1998『雲南省誌 巻五十九 少数民族語言文字誌』昆明：雲南人民出版社。
雲南省少数民族古籍整理出版規劃辦公室1986『納西東巴古籍訳注(一)』(雲南省少数民族古籍訳叢７) 昆明：雲南民族出版社。
雲南省少数民族古籍整理出版規劃辦公室1987『納西東巴古籍訳注(二)』(雲南省少数民族古籍訳叢15) 昆明：雲南民族出版社。
雲南省少数民族古籍整理出版規劃辦公室1989『納西東巴古籍訳注(三)』(雲南省少数民族古籍訳叢26) 昆明：雲南民族出版社。
雲南省社会科学院東巴文化研究所1999-2000『納西東巴古籍訳注全集(1-100)』昆明：雲南人民出版社。

日本語文献

佐野賢治編1999『西南中国納西族・彝族の民俗文化―民俗宗教の比較研究』東京：勉誠出版。

斎藤達次郎1968「ロロ族の洪水神話」『アカデミア』（南山学会編）63, pp.37-48。

斎藤達次郎1986「ナシ族の宗教と創世神話」『人文科学論集』（名古屋経済大学・市邨学園短期大学人文科学研究会）自然と人間（特集号）pp.97-110。

諏訪哲郎1988『西南中国納西族の農耕民性と牧畜民性―神話と言語から見た納西族の原像』（学習院大学研究叢書16）東京：学習院大学。

西田龍雄1966『生きている象形文字』（中公新書112）東京：中央公論社。

西田龍雄2001『生きている象形文字』（シリーズ文明と人間）東京：五月書房。

山田勝美1977『生きていた絵文字の世界』（玉川選書54）東京：玉川大学出版部。

あとがき

私が雲南でナシ族とナシ語の勉強を始めてから、そろそろ10年になろうとしています。1996年７月、雲南省昆明市に着いた私に、ナシ族の鮑江《パオジャン》さんを紹介して下さったのは、雲南民族学院の民族研究所にいらした金少萍先生でした。連日、鮑さんに雲南大学の招待所に来てもらい、ナシ語の発音を教えてもらった日々が懐かしく思い出されます。その後も金先生とご主人の許昆さんには、生活面でも大変お世話になりました。

翌年には、雲南民族博物館の副館長でいらした尹紹亭先生から、同博物館に所属する訪問学者の身分を用意していただき、同博物館の木基元先生、張雲嶺先生のお二方に指導教官になっていただきました。麗江出身のナシ族である両先生には、その後も公私にわたり多くのご指導をいただいています。またこの他にも、昆明や麗江に住んでいらっしゃる、ナシ族の郭大烈先生、和少英先生、和鐘華先生、和即仁先生、楊世光先生、木麗春先生、牛相奎先生から様々なアドバイスをいただきました。

また、私が麗江で長期滞在をする拠点とした、大研鎮七一街の国際麗江合作発展研究中心（民間合作社）の職員の方々に、ナシ語の学習や農村部への調査、そして日々の生活に至るまで、家族同様にしていただいたことは忘れることができません。その後、この組織はなくなってしまいましたが、七一街の隣近所の皆さんには今でも親しくさせていただいています。

農村部でのフィールドワークで特にお世話になったのは、本書の語り手である三壩郷の和志本さんや、もと三壩郷の郷長でいらした和尚礼先生です。そして、テクストの書き起こしと翻訳作業では、麗江の東巴文化研究所で地道な研究を続けておられる和力民先生にご協力いただきました。

日本では、東京外国語大学アジア・アフリカ言語文化研究所のクリスチャン・ダニエルス先生や、名古屋経済大学でナシ族を専門に研究されている斎藤達次郎先生、また、ナシ族研究の先輩である荒屋豊さんから、懇切なご助言をいただきました。さらに、私とほぼ同世代でそれぞれ異なる分野で西南中国と関わっていらっしゃる、立石謙次さん、岡晋さん、清水享さん、野本敬さん、山村高淑さんや、林直孝さんとナシ族の李麗萍さん、さらに雲南滞在中にあちこちでご一緒した日本人留学生の皆さんにも、いろいろとお世話になりました。本書の装画と本文中の挿絵には、麗江滞在経験もおありの切り紙作家、はやしまきこさんに、すばらしい作品を作っていただきました。そして、雄山閣の金田直次郎さんには、本書の出版を企画していただきました。

以上の方々のご指導やご協力がなければ、本書が形になることはありませんでした。ここに記して厚く感謝申し上げます。なお、参考文献の表示については、本書の一般書という性格から必要最小限のものにとどめましたが、ナシ族に関連する文献資料は、特にその宗教に関連するものを中心として、中国や欧米で書かれたものが非常に多くあります。私の勉強はまだまだ始まったばかりですが、本書が少しでも中国の少数民族やナシ族に興味を持たれる方々のお役に立てば幸いです。

デザイン——山口愉起子
印字・組版——有限会社 ムック

【著者略歴】

黒澤　直道（くろさわ　なおみち）

1970年宮城県生まれ。東京外国語大学外国語学部中国語学科卒業。同大学大学院地域文化研究科博士後期課程修了。博士（学術）。日本学術振興会特別研究員（PD）を経て、現在、國學院大学文学部外国語文化学科助教授。大学院在学中、雲南民族博物館客員研究員などの身分で、雲南省麗江を中心とするナシ族居住地に3年間滞在。現地での自炊生活を通してナシ語を学ぶ。雲南料理“千張肉”を得意とする。主な論著に、『ナシ（納西）族宗教経典音声言語の研究』、「ナシ（納西）語緊喉母音論争の意義」（『アジア・アフリカ言語文化研究』61）、「雲南省麗江におけるナシ（納西）語教育の現状」（『國學院雑誌』106(8)）ほかがある。

2006年 6 月20日　初版発行　　《検印省略》

ツォゼルグの物語《ものがたり》　——トンバが語《かた》る雲南《うんなん》ナシ族《ぞく》の洪水神話《こうずいしんわ》——

著　者　　黒澤　直道
発行者　　宮田哲男
発行所　　株式会社 雄山閣
〒102-0071　東京都千代田区富士見 2 － 6 － 9
TEL　03-3262-3231(代)／FAX　03-3262-6938
URL　http://www.yuzankaku.co.jp
E-mail　info@yuzankaku.co.jp
振替：00130-5-1685
印　刷　　研究社印刷
製　本　　協栄製本

ISBN4-639-01935-1 C3022